【中国人格读库】

国家新闻出版广电总局

培育和践行社会主义核心价值观主题出版重点出版物

张居正

解说士君子官德修治

高占祥 主编

周殿富 选注直解

北京时代华文书局

图书在版编目（CIP）数据

张居正解说士君子官德修治 / 周殿富选注直解 . -- 北京 ： 北京时代华文书局，
2016.1（2022.3 重印）
（中国人格读库 / 高占祥主编）
ISBN 978-7-5699-0669-1

Ⅰ . ①张… Ⅱ . ①周… Ⅲ . ①儒家②《论语》－研究 Ⅳ . ① B222.25

中国版本图书馆 CIP 数据核字（2015）第 288439 号

张居正解说士君子官德修治

ZHANG JUZHENG JIESHUO JUNZI GUANDE XIUZHI

主　　编 | 高占祥
选注直解 | 周殿富

出 版 人 | 陈　涛
责任编辑 | 邢　楠
装帧设计 | 程　慧　赵芝英
责任印制 | 訾　敬

出版发行 | 北京时代华文书局 http://www.bjsdsj.com.cn
　　　　　北京市东城区安定门外大街 138 号皇城国际大厦 A 座 8 楼
　　　　　邮编：100011　电话：010 - 64267955　64267677
印　　刷 | 三河市嵩川印刷有限公司　0316 - 3650395
　　　　　（如发现印装质量问题，请与印刷厂联系调换）
开　　本 | 787mm×1092mm　1/16　　印　张 | 22.75　字　数 | 360 千字
版　　次 | 2016 年 1 月第 1 版　　　印　次 | 2022 年 3 月第 3 次印刷
书　　号 | ISBN 978-7-5699-0669-1
定　　价 | 58.00 元

版权所有，侵权必究

《中国人格读库》编委会

主　　任：高占祥

编　　委：陈伟文　连瑞谦　刘晓红　刘艳华
　　　　　谢锡文　杨迎会　杨红卫　杨廷玉
　　　　　杨志刚　张广海　周殿富

社会主义核心价值观与中国人格

周殿富

社会主义制度在中国已经建立了六十余年，而我们党则在本世纪初叶提出了培育弘扬社会主义核心价值观的重大课题，显然是其来有自。

社会主义的道德风尚在新中国蔚然兴起，曾经那样地风靡于二十世纪中叶。邓小平同志曾经在改革开放中讲过，当年"这种风气不仅是中国历史上从来没有过的，而且受到了世界人民的赞誉"。然而可惜的是，这个在社会主义制度建立与实践中，同步兴起的社会主义道德风尚的成长道路，却是一波四折。半个多世纪以来，它先是与共和国一道遭受了十年"文革"的浩劫；接着便是全党工作重心转移到改革开放进程中，欧风美雨"里出外进"的浸洗濡染；再接着是西方"和平演变"在东欧得手的强烈震荡与冲击；最后又是市场经济中那两只"看不见的手"在搅动着、嬗变着人们的价值取向。至少在国民中出现了价值观上的多层次化，传统美德的弱化，社会道德文明水准的退化，光荣革命传统的淡化，这也许正是中央在本世纪初提出社会主义核心价值观的原因吧。

不管怎么"变"，怎么"化"，当我们回首来时路，却不能不说，中华民族真的很强大，很值得骄傲。人类经历了几千年的文明进程，堪称世界文化之源的"五大文明古国"，其他四大古国文明都已被历史淘汰灭亡，只有中国成了唯一的延续存在。近现代即使那般的积贫积弱，被西方列强豆剖瓜分、弱肉强食，想亡我中华都不可能，就连最强大的美帝国主义，最凶残的日本军国主义都成为我们的手下败将，而且打出了一个新中国，且跨过整整一个历史阶段，直接进入了社会主义。西方敌对势力几十年不遗余力地对新中国百般围剿，"冷战""热战""和平演变"手段用尽，连如此强大的前苏联乃至整个苏东阵营都被瓦解了，而社会主义的旗帜仍旧在960万平方公里的土地上高高飘扬，而且昂首挺胸地屹立在世界的东方，中国真的是太强大了。几十年来的瞩目成就，竟然令西方发出了"中国威胁论"。你管他别有用心也好，言过其实也好，总比让别人说我们是"瓷器"，是"东亚病夫"好吧？1840~1949年的一百零九年间，中国尽受别人的欺负、"威胁"了，我们也能让那些昔日列强有点"威胁感"，又有什么不好？更何况这是他们自己说的啊！我们并没吹嘘，也没有去做。几千年来我们侵略过谁呢？"反战""非攻""兼相爱，交相利"，中国古有墨子，近有周恩来、邓小平同志。这也是中华民族固有传统美德的延续吧！

生于忧患，死于安乐，这也当是中华民族的一个传统美德吧？几十年来尽管中国如此繁荣兴旺，但从邓小平生前一直到党的"十八大"以来，无论哪一届中央领导集体，从来都没有忘记过国之忧患。忧在何处，患在何处呢？

二十世纪八十年代末，邓小平同志曾经在半年的时间内四次提到：中国改革开放十年最大的失误在教育，在"对青年的政治思想教育抓得不够""对人民的教育不够"，足见他的痛心疾首。他晚年时又提到了"国格"与"人格"的问题，讲道："谈到人格，但不要忘记还有一个国格。特别是像我们这样第三世界的发展中国家，没有民族自尊心，不珍惜自己民族的独立，国家是立不起来的。"

（精装版《邓小平文选》第3卷331页。）

人们很少注意到邓小平的这一段话，但邓小平恰恰是在这里把"国格""人格"提升到了事关"立国"的高度。

那么，什么是我们社会主义的"国格"呢？邓小平讲得很明白："民族自尊心""民族的独立"。

新中国一路走来，我们最大的尊严便是完全靠"自力"，靠"艰苦奋斗"，而达"更生"之境。对西方敌对势力的"冷战""热战""和平演变"，我们何曾有过屈服？也正是在这一前提下，我们才有真正的"民族独立"。这就是我们的国格。那么什么是我们中国人的人格呢？邓小平同志在这里没有讲，但他在1978年4月22日召开的全国教育工作会议上的讲话中，在讲到我们的教育培养目标时，至少提到与社会主义人格相关的各个方面：革命的理想，共产主义的品德，勤奋学习，严守纪律，艰苦奋斗，努力上进，爱祖国，爱人民，爱劳动，爱科学，爱护公共财产，助人为乐，英勇对敌，集体主义精神，专心致志地为人民工作，等等。这里的哪一条不属于社会主义人格的范畴呢？

2006年党的十六届三中全会，第一次提出了"建设社会主义核心价值体系"的历史性命题和战略任务。2007

年，胡锦涛同志在"6·25"讲话中又具体提出这个"体系"包括四个方面的内容：①马克思主义的指导思想；②中国特色社会主义共同理想；③以爱国主义为核心的民族精神和以改革创新为核心的时代精神；④社会主义荣辱观。这四个方面，一是信仰，二是理想，三是精神，四是道德文明，哪一个不在社会主义人格的范畴之内呢？党的十七届六中全会又提到了社会主义核心价值体系是"兴国之魂"。

2012年11月，在党的"十八大"上又用"三个倡导"把社会主义核心价值观概括为十二项：①倡导富强、民主、文明、和谐；②倡导自由、平等、公正、法制；③倡导爱国、敬业、诚信、友善。而且中办文件又把这"三个倡导"分为三个层面：第一个"倡导"的四项，是国家层面的价值目标；第二个"倡导"的四项，是社会层面的价值取向；第三个"倡导"的四项，是公民个人层面的价值准则。实际上前两个"倡导"的八项都是属于"国格"范畴，而第三个"倡导"是属于"人格"范畴。

那么，我们怎样才能在前面讲到的那些历史嬗变中培育建构起这个"核心价值观"呢？中共中央政治局的第十三次集体学习，似乎很明确地回答了这个问题。

新华社北京2014年2月25日电讯称：中央政治局在2月24日，以弘扬社会主义核心价值观，弘扬中华传统美德为内容，进行了集体学习，习近平总书记在主持学习时强调：

培育和弘扬社会主义核心价值观必须立足中华优秀传统文化。牢固的核心价值观，都有其固有的根本。抛弃传统、丢掉根本，就等于割断了自己的精神命脉。博大精深的中国优秀传统文化是我们在世界文化激荡中落稳脚跟的根基。中华文化源远流长，积淀着中华民族最深层的精神追求，代表着中华民族独特的精神标识，为中华民族生生不息、发展壮大提供了丰厚滋养。中华传统美德是中华文化精髓，蕴含着丰富的思想道德资源。不忘本来才能开辟未来，善于继承才能更好创新。对历史文化特别是先人传承下来的价值理念和道德规范，要坚持古为今用、推陈出新，有鉴别地加以对待，有扬弃地予以继承，努力用中华民族创造的一切精神财富来以文化人，以文育人。

习近平总书记的这段论述相当精辟，对于如何培育建构社会主义核心价值观问题从四个方面剀切明白。

第一，他明确指出要在中华优秀传统文化的基础上，来构造我们的社会主义核心价值观，而不能割断历史。这一条十分重要，否则我们便会失去我们的本来面目，便会成为无源之水，也就无法走向未来。

第二，指出了中华传统美德是中华文化精髓，蕴含着丰富的思想道德资源。这就为我们揭示了社会主义核心价值观，要以弘扬优秀的中华传统美德为基础。

第三，他指出，对传统文化在扬弃中继承，在继承中创新。这就是说，社会主义核心价值观的内涵，既要有优良传统的文化精神，也要有时代精神，是二者的有机结合。

第四，他指出要用中华民族创造的一切精神财富，来化人育人。这就是说，弘扬中华民族文化，并不只是传承儒学那些道统，而是要弘扬全民族共创的优秀传统文化。同时也就是说，培育、弘扬社会主义核心价值观的根本目的是化民、育人。

尤其值得瞩目的是，习近平总书记在这次讲话中提到了一个"中华民族独特的精神标识"问题，而在同年的全国组织部长会议上又提出我们再也不能以GDP论英雄的思想。让人欣慰的是，思想道德文化建设终于被提升到一个民族的标识地位，这至少表明中国人的思想观念，并不落伍于世界潮流。

并不受人欢迎的亨廷顿生前给他的祖国提出的警示忠告，竟是如何弘扬他们没有多少历史和文化的"传统文化"："盎格鲁新教精神——美国梦"，以此为国家的"文化核心"问题。他讲道："在一个世界各国人民都以文化来界定自己的时代，一个没有文化核心而仅仅以政治信条来界定自己的社会，哪有立足之地？"所以，他提醒他无限忠于的祖国，一定要巩固发扬他们自入居北美以来，在新教精神基础上形成的"美国梦"理念的"文化核心"地位，这样才能消解这个国家的民族与文化双重多元化的危机。为此，他甚至预言美国弄不好会在本世纪中叶发生分裂。而且他公开预言不列颠大英帝国也会因民族与文化多元化的问题，导致在本世纪上半期发生分裂。

西方的一些专家学者们也十分强调国家民族文化的地位问题，柏克说："全世界的人根据文化上的界限来区分自己。"丹尼尔同样说："保守地说，真理的中心在于，对一个社会的成功起决定作用的是文化，而不是政治。开明地说，真理的中心在于，政治可以改变文化，使文化免于沉沦。"这些语言也可能有它们的局限性与某种非唯物性，但至少可以让我们看到那些发达的资本主义国家在想什么，至少与马克思主义经典作家们，关于意识形态并不总是消极被动地接受它的经济基础的论断并不相悖。

中国显然具有世界上最悠久的民族文化，同时显然也拥有世界上最强大的政治优势。新中国包括它直接进入社会主义的经济形态，以及其后的一次次经济变革，哪一次不是靠政治力量在强力推动呢？它当然同样拥有让我们几千年的民族文化"免于沉沦"的能力。有学人认为我们的民族文化早就被以往一次次的历史性灾难割裂了，这个看法显然都是毫无道理的。但我们当下却确实面临着"两个传统"失传失统的危险。中国的传统文化与优秀的民族美德，在当代国民中还有多少传承？老一代中国共产党人用生命与鲜血铸就的光荣革命传统，在党内还有多少"光大"？我们现在全民族的"核心文化"到底在何处？"社会主义核心价值观"的提出不仅符合世界潮流，也是使我们优秀的民族文化得以传承而不发生历史断裂的根本保证。富和强永远都不是一个民族的标志，哪个国家不可以富，不可以强？但能代表中国"这一个"本来面目，具有自己民族特色的，唯有中华民族的文化，能代表中国人形象的只有中国独具的道德人格。什么是人格？人格就是原始戏剧中不同角色的本来面目。

综上所述，我们是不是可以这样认为，社会主义核心价值观应内含如下的成分：中华民族传统文化中的优秀传统美德；中国人民近现代反帝反侵略反封建的爱国主义、斗争精神与中国共产党领导下形成的几十年光荣革命传统；中国化了的马克思主义有中国特色社会主义的共同理想；与"中国梦"远大目标相适应的时代精神。由这些内涵构成的社会主义核心价值观，用它来干什么呢？用习近平总书记的话来说就是"化人""育人"，把它再具体化一下，无非是打造能体现中华民族特色，代表中国形象的国格、人格。在思想道德层面上，一个国家的民族精神也只有在人的身上才能体现，所以我们依据社会主义核心价值观的基本要求，针对当代青少年的实际情况，策划了《中国人格读库》这样一套大型系列选题。

本套书承蒙全国少工委、中华文化促进会、团中央中国青年网三家共同主办推广，并积极提供书稿。难得高占祥老前辈热情出任该套书的编委主任，且高占祥同志不辞屈就加盟主创作者队伍。一些大学、中学教师与青年作者也积极加盟此套书的编写。该选题被国家新闻广电出版总局列为2014年全国社会主义核心价值观重点选题，在此一并鸣谢。

希望本套书的出版能为社会主义核心价值观的培育与弘扬，为促进青少年的道德人格养成起到积极的作用。欢迎广大读者与作家对不足之处批评教正，多提宝贵建议与指导意见。

谨以此代出版前言并序。

二〇一四年十月

于北京时代华文书局

序

　　宋相赵普说"半部《论语》治天下",仿佛让人觉得有点夸张,但中国自古就有"一言兴邦"之说,何况半部呢?问题的关键是说易行难。其实,《论语》本质上就是一本"治书"。二十篇基本上讲述了两个主题:怎样做人、怎样做官,且二者都是为"治国平天下"服务的。前者讲述的是"君子之道",后者讲述的则是治国之道。"君子之道"多是修身立德,仁义礼智信,温良恭俭让,孝悌爱人;以其为做人准则,学而时习之,朝闻道夕死可矣。"治国之道"多是二帝三王的德政仁风、正己正人、公正无私。而又分君道、臣道,二者则一于王道。而古之君子大体是指士大夫阶层,是与下层的小人(物)百姓与不道德的小人相对而言的。所以它既可以称之为一本"君子人格之论",也可以称为"治术官德之语",虽然君子之德与官德很难分得开,但二者还是有区别的。因而《中国人格读库》丛书,将张居正直解的《论语》一书,分选出了《孔子论大君子做人处世》《张居正解说士君子官德修治》两册辑入。

　　本书以明万历年间张居正的《直解论语》为底本，重新编选校点，肯定与其他注释标点本有所不同，而张居正的分节也与传统版本不同，特此说明。编者文责自负。在编选过程中，尽量考虑到两个本子的主题需要来分编。如有舛错讹误不妥之处，敬请读者、方家教正，不胜感谢。

编者

2014年9月于北京

目录

一、政治：上正为政，下正为治

子曰："为政以德，譬如北辰，居其所而众星共之。"

——《论语·为政第二》

【张居正直解】

［政］是法令，所以正人之不正者；［德］是躬行心得的道理；［北辰］是天上的北极；［共］是向。

孔子说"人君居万民之上，要使那不正的人都归于正，必有法制禁令以统治之。这叫作政。然使不务修德以为行政之本，则己身不正，安能正人？虽令而不从矣。所以人君为政，惟要躬行实践，以身先之。如纲常伦理，先自家体备于身，然后敷教以化导天下；纪纲法度，先自家持守于上，然后立法以整齐天下，这才是以德而为政。如此，则出治有本，感化有机。由是身不出乎九重，而天下的百姓，自然心悦诚服，率从其教化。譬如北极，居天下之中，凝然不动，只见那天上许多星宿，四面旋绕，都拱向他。是人君修德于上，而恭己南面，就如北辰之居所一般；万民之观感于下，而倾心向化，就如那众星之拱极一般。"此古之帝王所以笃恭而天下平者，用此道也。图治者可不务修德以端，出治之本哉！

【编者按】

一个"德"字，既简单又复杂。若说谁不懂一个"德"字，几乎便不可思议，是贬低了他；若说谁懂得这个"德"字，又似乎抬高了他。但"为政以德"四个字至少告诉我们什么是"官德"。政者正也；正人先正己；己身不正，焉能正人？所以说官德就是一个"正"字，不管哪个层级的领导者，只要能做到一个"正"字，便能受到百姓的拥护。什么是正？不歪、不邪、不偏、不倚、不诈、不卑、不亢、不谄、不媚、无私、无畏便是正。说直溜话、做亮堂事、走光明路就是正。正不正，百姓定，自己说了不算。为官者自身正了，便有资格去正人。上下都正了，那就是德政。

二、官不数典忘祖，民风自厚

曾子曰："慎终追远，民德归厚矣。"

——《论语·学而第一》

【张居正直解】

［慎］是谨慎；［终］是亲之既殁；［追］是追思。

曾子说："人伦以亲为重，人之事生，或有能孝者，至于送终，则以亲为既死也，而丧葬之事不能尽礼者，多矣。初丧之时，或有能思念者，至于岁时既远，则其心遂忘，而祭祀之礼，不能尽诚者多矣。此皆民心之薄，由在上之人无以倡之也。若为上者能致谨于亲终之时，不徒哀而已，而每事尽礼，不使少有后日之悔。又能追思于久远之后，不徒祭而已，而致其诚敬，不敢少有玩怠之心，则己之德厚矣。由是百姓每自然感化，皆兴仁孝之心。丧也尽其礼，祭也尽其诚，而其德亦归于厚矣。

此可见孝者，人心之所同。君者，下民之表率。欲化民成俗者，可不知所以自尽也哉！"

【编者按】

为父母送终时尽心尽力为"慎终"；对亡亲经久不忘，诚敬祭祀如一为"追远"。为君者能如此，民风自然成俗。一切政治，无不如此，当官者不可不记取己正人自正的经验之谈。

三、官具“五德容”者，人自敬信不疑

子禽问于子贡曰："夫子至于是邦也，必闻其政，求之与，抑与之与？"子贡曰："夫子温、良、恭、俭、让以得之，夫子之求之也，其诸异乎人之求之与？"

——《论语·学而第一》

【张居正直解】

〔子禽〕姓陈名亢；〔子贡〕姓端木名赐，都是孔子弟子；〔抑〕是反语词；〔与〕是疑词。

子禽问于子贡说："夫子周游四方，每到一国必然就知这一国的政事，果是夫子访求于人，然后得而闻之与？或是各国的君主以其政事说与夫子而知之与？"子禽之问，盖亦不善观圣人者矣！

〔其诸〕是语词。子贡答子禽说："夫子所以得闻国政，不是夫子有心去求，也不是君无故而与。盖夫子盛德充积于中，而光辉自发于外。故其容貌词气之间，但见其温而和厚，无一些粗暴；良而易直，无一些矫饰；恭而庄敬，无一些惰慢；俭而节制，无一些纵弛；让而谦逊，无一些骄傲。有这五者德容之盛，感动乎人，所以各国的君，自然敬之而不忽，信之而不疑。都把他国中的政事，可因可革的，来访问于夫子，故夫子因而闻之耳。就汝所谓求者而论之，这等样求，岂不异于他人之求之者软。盖他人之求必待访问于人而后得。夫子之闻政，则以盛德感人而自致，岂可以一概论哉！"

子贡之言，不惟足以破子禽之疑，而使万世之下，犹可以想见圣人之气象，此所以为善言德行也。

【编者按】

与人交往的方式、表情都很重要，子贡总结他老师的"五德容"是：脸色温和厚重；善良正直而不矫饰；待人礼貌庄敬而不傲慢；注意小节而不放肆；尊重他人谦虚礼让而不骄傲自高自大，是以称之温、良、恭、俭、让。

四、王道虽以和为贵为美，也须以礼节之

有子曰："礼之用，和为贵，先王之道斯为美，小大由之。有所不行，知和而和，不以礼节之，亦不可行也。"

——《论语·学而第一》

【张居正直解】

[礼]是尊卑上下的礼节；[和]是从容不迫的意思；[斯]字，解作"此"字，指和悦；[小大]是小事大事；[由]是行。

有子说："礼之在人，如尊卑上下，等级隆杀，一定而不可易，其体固是至严。然其为用，必和顺从容，无勉强乖戾之意，乃为可贵。如君尊臣卑，固有定分，然情意也要流通。父坐子立，固有常规。然欢爱也要浃洽，这才是顺乎天理，合乎

人情，而为礼之所贵者也。古先圣王之制礼，惟其皆出于和，此所以尽善尽美，万事无弊。凡天下之事，小而动静食息之间，大而纲常伦理之际，都率而行之，无所阻滞，礼之贵于和如此。"

礼贵于和，则宜无不可行者。然也有行不得的，这是为何？盖所谓和者，是在品节限制之中，有从容自然之意，所以可行。若但知和之为贵而一于和，率意任情，侈然自肆，全不把那礼体来节制他，则是流荡忘返，而尊卑上下皆失其伦矣。如何可以行之哉？此可见礼之体虽严，而不至于拘迫，其用虽和，而亦不至于放纵。古之圣王，能以礼治身，而又能推之以治天下者，用此道也。

【编者按】

孔子的学生有子讲：先王之道，以和为美，但礼贵于和。有违于礼的就该受到节制。主要讲，不管怎样以和为贵，但总不能突破上下尊卑的礼节都不讲。有子的话虽然是出于封建等级意识，但在现代官场中，官也自当有个官样，也不可以和同下流，当有一点洁身自爱的品行。联系群众不等于混同于老百姓，不等于什么人都亲密交往。共产党的官，不是政客，总要有一点正气在身才好。

五、为官"三要"：说话算数，敬人不屈己，不失可近之人

有子曰："信近于义，言可复也，恭近于礼，远耻辱也；因不失其亲，亦可宗也。"

——《论语·学而第一》

【张居正直解】

〔信〕是约信；〔义〕是事理之宜；〔复〕是践言；〔恭〕是恭敬；〔礼〕是礼节；〔因〕是依倚人的意思；〔亲〕是有道义可亲近的人；〔宗〕是主。

有子说："天下之事，必须谨之于初，而后可善其后。"如与人以言语相约，本是要践行其言，但其所言者，若不合于义理之宜，将来行不将去，则必至爽约失信矣！故起初与人相约之时，就要思量，必其所言者皆合乎天理之宜，而与义相近，则今日所言的，他日皆可见之于行，而自不至于失信矣。

所以说言可复也。

待人之礼，固当恭敬，然亦自有当然之节。若恭不中礼，则为足恭，而反以致人之轻贱矣。故凡施敬于人之时，就要斟酌，务合乎礼之节文，而不过其则。则内不失己，外不失人，自不至于卑贱而取羞辱矣。所以说远耻辱也。

与人相依，本图交久，但所依的不是好人，则始虽暂合，终必乖离。故当其结交之初，就要审择，不可失了那有道义可亲近的人，则不但一时相依，自后亦倚靠得着，可以为宗而主之矣。所以说亦可宗也。

此可见人之言行交际皆当谨之于始，而虑其所终。不然，则因循苟且之间，将有不胜其自失之悔者矣。

【编者按】

有子讲：当官的"言可复"——说过的话要兑现，不能开空头支票，说完拉倒；"远耻辱"——与人打交道不可丢份儿，亲和恭敬要有节制；交人可宗——不要失去可交往依靠的好人，要与那些长远都可以依靠的人、美好的人亲近。

六、士君子的四条官德：
勤、俭、实、正

子曰："君子食无求饱，居无求安，敏于事而慎于言，就有道而正焉，可谓好学也已。"

——《论语·学而第一》

【张居正直解】

［敏］是急速的意思；［就］是亲近；［有道］是有德的贤人；［正］是考正。

孔子说："凡人之为学，厌怠者多，笃好者少，所以不能成就。惟君子之于学，专心致志，无一毫外慕之私。就是食以养生，也不去求饱；居以容身，也不去求安。盖志有所在而不暇及也。行事常患其不足，则勉力自强，汲汲然见之于行，不敢有一些怠缓。言语常患其有余，则谨慎收敛，讷讷然如不出口，不敢有一些放肆。这等样着实用功，必然有所得了。"

然犹不敢自以为是，又必亲近那有道德的贤人，以考正吾之是非，凡一言一行都要讲究得道理明白，不至于差谬而后已焉。夫志向已是精专，功夫已是切实，而又加以谦抑之心，常存不足之虑，盖真见夫义理之无穷，学问之有趣，其心欣慕爱乐，有不能自已者，这才是好学的人，所以说可谓好学也已。

学而至于能好，则聪明日开，闻见日广，进而为贤为圣，何难之有哉！《商书·说命篇》"惟学逊志，务时敏。"《周颂》说："学有缉熙于光明。"皆是此意，可见"好学"二字，不但学者之所当知，为人君者尤不可不加之意也。

【编者按】

做人能不求于物质条件的优越，而专心于学；多做实事，而慎于张扬；亲近贤人而改正自己。有这四条便可称为好学的人了。当官的能有以下四条便一定是个好官了：不讲究吃喝住所；勤政日无所安；干实事少张扬；近贤正己，哪里找这样的好官？

七、治国"五要":
敬、信、节、爱、时

子曰:"道千乘之国,敬事而信,节用而爱人,使民以时。"

——《论语·学而第一》

【张居正直解】

〔道〕是治;〔乘〕是兵车;四马驾一车,叫作一乘;〔千乘之国〕是地方百里,可出兵车千乘的大国;〔时〕是农功闲暇之时。

孔子说:"千乘的大国,事务繁难,人民众多,不易治也。"若欲治之,其要道有五件,其一要敬事。盖人君日有万机,一念不敬,或贻四海之忧,一时不敬,或致千百年之患。必须兢兢业业,事无大小,皆极其敬慎,不敢有怠忽之心,则所处皆当,而自无有于败事矣。其一要信。盖信者,人君之大宝，若赏罚不信，则人不服从，号令不信，则人难遵守。必须诚实不贰，凡一言一动都要内外相孚，始终一致，而足以取信于人，则人皆用情，而自不至于欺罔矣。其一要节用。盖天地生财止有此数，用若不节，岂能常盈。必须量入为出，加意撙节。凡奢侈的用度，冗滥的廪禄，不急的兴作，无名的赏赐都裁省了。只是用其所当用，则财常有余，而不至于匮乏矣。其一要爱人。盖君者，民之父母，不能爱人，何以使众。必须视之如伤，保之如子，凡鳏寡孤独、穷苦无依的，水旱灾伤、饥寒失所的，都加意周恤，使皆得遂其生，则人心爱戴，而仰上如父母矣。其一要使民以时。盖国家有造作营建，兴师动众的事，固不免于使民，然使之不以其时，则妨民之业，而竭民之力矣。必待那农事已毕之后，才役使他，不误他的耕种，不碍他的收成，则务本之民，皆得以尽力于田亩，而五谷不可胜食矣。这五者都是治国的要道，若能体而行之，则四海之广，兆民之众，治之无难，岂特千乘之国而已哉！为人君者，所当深念也。

【编者按】

　　为官"五要"中最切要的是一个"信"字：信任、信用、相信、威信。人无一信字，不可为官，也难以行政。老百姓不相信你，就不听你的；就不把你当领导；上司不信你，也就不任你，不用你；下级不信任上级，就不敢也不肯卖命工作。官民之间，上下级之间，都有一个信任度的问题。

八、政治之责任：教民知耻、知罪、知礼

子曰："道之以政，齐之以刑，民免而无耻；道之以德，齐之以礼，有耻且格。"

——《论语·为政第二》

【张居正直解】

〔道〕是率先引导的意思；〔政〕是法制禁令；〔齐〕是齐一；〔刑〕是刑罚。

孔子说："人君之治天下，不过是要人为善，禁人为恶而已。"但出之有本，而致之有机。若不知本原所在，只把法制禁令去开导他。如事亲则禁约他不孝，事长则禁约他不弟，使之奉行遵守。其有不从教令的，便加之以刑罚，使一齐都归于孝弟，无有违犯，这等样治民，虽则能使民不敢为恶，然只是惧怕刑罚，苟免于一时，而其中不知愧耻，为恶的心依旧还

在，岂能久而不犯乎！所以说民免而无耻。

[德]是行道而有得；[礼]是制度品节；[耻]是愧耻；[格]字，解作"至"字。孔子说，治以政刑，民固苟免而无耻矣。若使君之导民，不徒以其法也，而皆本于躬行之实。如欲民兴孝，必先自尽孝道以事亲，欲民兴弟；必先自尽弟道以事长。如此，则民既有所观感而兴起矣！而其间所得有浅深厚薄之不一者，则又有礼以齐之。亲疏上下，都有个节文。日用所为，都有个仪则。使贤者不得以太过，不肖者不得以不及，而皆协于一焉。这等样治民，将见那百姓每良心自然感发，不但知恶之可耻，而绝不肯为。又且知善之当为，而皆力行以至于善矣。岂特求免刑罚而已乎！所以说，有耻且格，盖德礼政刑，固皆所以适于治之路，而出之有本末，获效有浅深，故孔子第而言之，欲为人君者，审其本末轻重之辨也。

【编者按】

所谓政治：德教化民知耻；刑教教民知罪；礼教教民知敬。官民若能同达知耻、知罪、知敬之境界，那天下哪有不大治的？问题的关键在官员能否做到"三知"，如果豺狼当道，怎可专治狐狸？政者不正，怎正百姓？

九、求官之道在少说错话少干错事

子张学干禄。子曰："多闻缺疑，慎言其余，则寡尤；多见缺殆，慎行其余，则寡悔。言寡尤，行寡悔，禄在其中矣。"

——《论语·为政第二》

【张居正直解】

〔子张〕是孔子弟子，姓颛孙，名师；〔干〕是求。昔子张从学于圣门，以求俸禄为意。

〔疑〕是所未信者；〔尤〕是罪过；〔殆〕是所未安者；〔悔〕是懊悔。凡言"在其中"者，皆不求而自至之辞。孔子教子张说道："君子学以为己，不可有干禄之心，且学自有得禄之理，亦不必容心以求之也。若能多闻天下之理，以为所言之资而于多闻之中有疑惑而未信的，姑缺之而不敢言。其余已信的，又慎言而不敢轻忽，则所言皆当，而人无厌恶，外来的罪过自然少了，岂不寡尤。多见天下之事，以为所行之资；而于多见之中，有危殆而未安的，姑缺之而不敢行。其余已安的，又慎行而不敢怠肆，则所行皆当，而已无愧怍，心里的懊悔自然少了，岂不寡悔。言能寡尤，行能寡悔，便是有德的贤人。名誉昭彰，必有举而用之者，虽不去干求那俸禄，而俸禄自在其中矣。又何必先有求之之心哉！"尝观古之学者，修其言行，而禄自从之，是以世多敬事后食之臣；后之学者，言行不修，而庸心干禄，是以世少先劳后禄之士，然则学术之所系，诚非细故矣。作民君师者，可不以正士习为先务乎？

【编者按】

官场之上离不得"人""事"二字，无论求官、谋官、为官。所以庸官只说"官话"，肯定没错；只做人事不做非人之事，肯定不会塌台。花钱买官的注定死在钱上；巴结钻营得官的，一定会鸡飞蛋打。官场无论得失何由，还是靠自己、走正道来得安稳，说话硬、腰杆直。

十、服民心只须两条：用正人去邪恶

哀公问曰："何为则民服？"孔子对曰："举直错诸枉，则民服；举枉错诸直，则民不服。"

——《论语·为政第二》

【张居正直解】

[哀公]是鲁国之君；[举]是举用；[直]是正直的君子；[错]是舍置而不用；[诸]字，解作"众"字；[枉]是邪枉的小人。

鲁哀公问于孔子说："人君以一身而居乎群臣百姓之上，不知何所作为，才能使众人每个都心服。"孔子对说："人君若要服民，不是严刑可以驱之，小惠可以结之者，只要顺民好恶之公心而已。大凡臣下有心术光明行事端慎的，便是正直君子，必然人人爱敬他，望他得位行道。有心地奸险，行事乖方的，便是邪枉小人，必然人人憎恶他，怕他误国害民，这是好善恶恶的良心，人之所同有也。人君若能举用那正直的君子，授之以政，而凡邪枉的小人都舍置之，不使参于其间，则用舍各当，正合了人心好恶之公，百姓每自然欢欣爱戴，无一人之不服矣！若人君举用了邪枉的小人，使之在位，而凡正直的君子，却舍置之不能有所简拔，则用舍颠倒，便拂了人心好恶之公，百姓每必然心非口议，虽欲强其服从而不可得矣！"

夫民之服与不服，只在用舍之公与不公，然则人君于用人之际，可不慎哉。

【编者按】

何用多问？为官只要一身正气，两袖清风，为老百姓办实事、办好事而不整治老百姓，大家自然心服口服。重用好人、能人而不用庸人、坏人，不仅民服，官也服你。服你自然扶你。

十一、治国化民四事：身正、孝慈、用贤、教庸

季康子问："使民敬、忠以劝，如之何？"子曰："临之以庄则敬，孝慈则忠，举善而教不能，则劝。"

——《论语·为政第二》

【张居正直解】

〔季康子〕是鲁国的大夫；〔敬〕是恭敬；〔忠〕是尽心不欺的意思；〔劝〕是劝勉。

季康子问于孔子说："为人上者要使百姓每敬事于我，而不敢慢，尽忠于我，而不敢欺，相劝于为善而不敢为恶，果何道以使之乎？"孔子答说："为民上者，不可要诸在人，只当尽其在我。诚能于临民之时，容貌端庄，而无有惰慢，则有威可畏，有仪可象，民之得于瞻仰者，自然敬畏而不敢怠慢矣！孝以事亲，而无有悖违，慈以使众，而无有残刻，则其德既足

以为民之表，而其恩又足以结民之心。民之得观感者，自能尽忠于我，而不敢欺悖矣。于那为善的，举而用之，使他得行其志。不能的，教诲他使之为善，不要轻弃绝之。如此，则善者益进于善，而不怠、不能者亦将勉强企及，而无有不劝者矣。"

是则季康子之问，专求诸民。孔子之答，专求诸己。盖人同此理，吾能自尽其理，而人岂有不感化者哉？

【编者按】

孔子所言四端无非两条：做人、待人。两条无非一个字："善"。做人自有人样，人自敬之；做官自具官品，民自服之；待人与人为善，人自亲之。而无父母心肠者不可为官；而何为父母心肠？父严于当严之事，母慈于当慈之时而已。

十二、"政"就是以孝友之道来治事

或谓孔子曰："子奚不为政？"子曰："《书》云：'孝乎惟孝、友于兄弟，施于有政。'是亦为政，奚其为为政？"

——《论语·为政第二》

【张居正直解】

〔奚〕字，解作"何"字；〔为政〕是出仕而理国政。

鲁定公初年，孔子不仕，或人问于孔子说："夫子有这等抱负，正当乘时有为，何故不肯出仕而理国政乎？"盖当时季氏擅权，阳虎作乱，不能尊信孔子，故孔子不肯轻于求仕，而或人不知也。

〔《书》〕是《周书·君陈》篇；〔友〕相亲爱的意思。

孔子不仕之意有难以告人者，故只托词以答之说："汝疑我之不肯为政，岂不闻《周书》所言之孝乎？"他说："君陈能孝顺父母，友爱兄弟。又能推此孝友之心，以为一家之政，使长幼尊卑都欢然和睦，肃然整齐，无有不归于正者。《书》之所言如此。这等看来，人处家庭之间，能帅人以正，就是为政了。何必居官任职，乃谓之为政乎？"

盖所谓政者，只是正人之不正而已。施之于国，使一国的人，服从教化，固是为政；修之于家，使一家之人，遵守礼法，也是为政。这虽是孔子托词，其实道理不过如此。所以《大学》说："欲治其国者，先齐其家。"亦是此意。然则人君之为政，若能以孝友之德，修身正家，则治国平天下之道，岂外是哉！

【编者按】

孔夫子偷换概念。然家政与国政虽不同，但其理一也。是以有修齐治平之说。为官只须铭记一"正"字，自为得好官。而不能老想着正人，而不思正己。为官者己身正便是正人。

十三、观既往而知将来"百世可知"

子张问："十世可知也？"

子曰："殷因于夏礼，所损益，可知也；周因于殷礼，所损益，可知也；其或继周者，虽百世可知也。"

——《论语·为政第二》

【张居正直解】

凡朝代更换，叫作〔一世〕。子张问于孔子说："有一代之兴，必有一代的事迹。但已往者易见，将来者难知，不知自今以后，朝代兴亡，至于十世之远，其事迹亦可得而前知否乎？"

〔因〕是相袭而不改；〔礼〕本处是指君臣、父子、夫妇之"三纲"，仁、义、礼、智、信之"五常"，这其中都有节文，故叫作礼；〔损〕是减损；〔益〕是增益。

孔子答子张说："后之视今，亦犹今之视昔。要知将来，但观既往便可知矣。比先夏有天下四百余年，而殷汤继之。殷家所行之礼，如修人纪以正万邦，都只是因袭夏家的，不曾改易。至于制度文为，有余不足的，则或损或益，稍有不同。如殷道尚质，殷正建丑之类，是其所因与所损益，可考而知也。殷有天下六百余年，而周文武继之。周家所行之礼，如建皇极以锡庶民，也只是依着殷家的，不曾变更。至于制度文为，太过不及的，则或损或益，也有不同。如周道尚文，周正建子之类，是其所因与所损益，亦可考而知也。此可见纲常伦理，是立国的根本，万世不可改易。制度文为，是为治的节目，随时可以变通，自今以后，或有继我周而王天下的，其所因与所损益，不过如此。虽百世之远，无不可知，岂但十世而已哉！"

【编者按】

政治无非承前启后、继往开来。承前继往者不可把前任说得一塌糊涂来彰显自己的业绩，也不可以完全不变地按前人的路子走下去。启后开来者则当有所改有所革，但不审时度势、量才量力而行，不考虑大众的心理承受能力，那就很有可能会失败。而只想为自己树碑立传，则是继任者的大忌，也是所有当途者的大忌。

十四、以下犯上者不如夷狄

子曰："夷狄之有君，不如诸夏之亡也。"

——《论语·八佾第三》

【张居正直解】

［夷狄］是化外之地，东夷、西戎、南蛮、北狄，总叫作夷狄；［诸夏］是中国；［诸］是众；［夏］是大，以其人民众而地方大，故称诸夏。［亡］字，与有无的"无"字同。

当孔子时，季氏以大夫僭用八佾，三家以大夫僭歌《雍》诗，上下陵夷，不知有君臣之分。故孔子一日叹息说道："中国所以尊于夷狄者，以其名分定而上下不乱也。今夷狄之国，在上的统领其下，在下的顺从其上，尚且有个君长，倒不似我中夏之国，君弱臣强，以诸侯胁天子者有之，以陪臣专国政者有之，恣为僭窃，反无上下之分也。"

夫以中国同于夷狄，犹且不可，况反不如乎，可慨也已。

孔子此言，岂真轻中国而称夷狄哉！盖甚为之词，以见上下之分，不可一日不明于天下也。

【编者按】

上者不正，下必犯之；上者无能，下必凌之。为官之人，第一要走得正行得正，不怕葫芦歪歪腔；第二要有铁的手腕，无论内政外交，德之不服，以力济之；刺刀不惧，以炮弹之；大火烧天，倾江河之水灭之。都言小不忍则乱大谋，岂不知天下有多少大谋都毁于小忍？

十五、君使臣有理有诚，臣事君尽心尽力

定公问：“君使臣，臣事君，如之何？”孔子对曰：“君使臣以礼，臣事君以忠。”

——《论语·八佾第三》

【张居正直解】

[定公]是鲁国之君；[礼]是有节文，不简慢的意思；[忠]是竭尽己心，不欺罔的意思。

定公一日问于孔子说：“为人君的使令臣下，为人臣的奉事君上，都有个道理，不知当如之何？”孔子对说：“为人君者，以尊临卑，易至于简慢忽略；若简慢忽略，便失了为君的道理。是以人君之于臣下，使之须要以礼：如使之为大臣，则待之如股肱；使之居言责，则待之如耳目；使之为将帅，则有推毂命将之礼；使之为使臣，则有皇华遣使之礼，务加以礼

貌，待以至诚，这乃是使臣的道理。为人臣者，以下事上，易至于欺罔隐蔽。若欺罔隐蔽，便失了为臣的道理。是以人臣之于君上，事之须要以忠。如居辅导赞襄之职，则尽心以启沃，而一毫无所隐；有官守言责之寄，则尽心以纳忠，而一事不敢欺。遇有难处之事，则虽劳瘁而不辞；遇有患难之日，则虽致命而不避。务内尽其心，外尽其力，这乃是事君的道理。"

君尽君道，固非有私于臣，而所以劝下之忠者，亦在是矣。臣尽臣道，固非有要于君，而所以报上之礼者，亦在是矣！上下交而德业成，天下其有不治者哉！

【编者按】

处理上下级关系的至理名言。上级觉得下属不忠心敬业，就要想到自己是否待人以礼敬；下属觉得上级不信用自己，首先要考虑一下自己是否忠心尽力了。可惜的是一旦出了故障状况，人们首先都要归因于对方，所以便会无端生出许多是非来。

十六、既成事实勿论；
无可挽回的不谏；既往不咎

哀公问社于宰我。宰我对曰："夏后氏以松，殷人以柏，周人以栗，曰使民战栗。"子闻之曰："成事不说，遂事不谏，既往不咎。"

——《论语·八佾第三》

【张居正直解】

［哀公］是鲁君；［社］是为坛以祭地；［宰我］是孔子弟子；［战栗］是恐惧的模样。

哀公问于宰我说："有国家者，必有社以祭地，不知其义何如？"宰我对说："古之立社者，必栽树木。夏后氏立社，则以松树；殷人立社，则以柏树；周人立社，则以栗树。然所以用栗树者，取于'战栗'之义。盖戮人必于社，欲使民见之而战栗恐惧也。"夫祭地以报其功，乃立社之本意，至于所栽的树木，则各因其土之所宜，而非有取义于其间也。宰我不知而对，谬妄甚矣。

〔遂事〕是事虽未成，而势不能已者；〔谏〕是谏正；〔咎〕是罪责。

孔子闻宰我使民战栗之言，以其所对，既非先王立社之本意，又启鲁君杀伐之心，因厉言以责之曰："大凡事之未成者，犹可以言语说之，若事既成者，说之何益？所以'不说'。事之未遂者，犹可以谏诤止之。若事既遂者，谏之何益？所以'不谏'。事之未往者，犹可咎而罪之，若事之既往，咎之何益？所以不复追咎。今汝使民战栗之言，已出之口，而告之于君，是事之已成，已遂，已往者也，吾又何以责汝乎！"孔子以为不足责者，正所以深责之，欲其知言之不可妄发，而致谨于将来耳。

【编者按】

打扑克牌最讨厌的便是那些喋喋不休、抱怨他人的事后诸葛亮。人最要紧的：一是要学会面对现实；一是要学会向前看、向前走。

十七、管仲器小在越礼不在俭

子曰："管仲之器小哉！"或曰："管仲俭乎？"曰："管氏有三归，官事不摄，焉得俭？""然则管仲知礼乎？"曰："邦君树塞门，管氏亦树塞门；邦君为两君之好，有反坫。管氏亦有反坫。管氏而知礼，孰不知礼？"

——《论语·八佾第三》

【张居正直解】

[管仲]是齐大夫，名夷吾；[器]指人之局量规模，说器小，譬如说小家样。

管仲相齐桓公，九合诸侯，一匡天下。当时皆以为莫大之功。然出于权谋功利之私，而不本于圣贤大学之道。故孔子讥之说："管仲虽有大功，然其为人，局量偏浅，规模狭隘，没有正大光明的气象，其器不亦小哉！"盖深责备之词也。

〔三归〕是台名；〔摄〕字，解作"兼"字。孔子以管仲为器小，或人不知而疑之说："吾闻俭约之人，凡事吝啬，却似器小的模样。夫子以管仲为器小，得非以其俭约而然乎？"孔子答说："凡人俭约者，必能制节谨度。今管仲筑三归之台，以为游观之所，其兴作之靡费可知。又多设官属，使每人各治一事，不相兼摄，其廪禄之冗滥可知。观其行事如此，岂得谓之俭乎？夫以俭为器小，失之远矣。"

　　〔邦君〕是有国的诸侯；〔树〕是门屏；〔塞〕是遮蔽；〔好〕是宴会；〔坫〕是放酒杯的案。凡宾主献酬饮毕，必反置酒杯于此，故谓之反坫。

　　孔子斥管仲为非俭。或（有）人又不知而疑之，说道："吾闻知礼之人，凡事备具，不肯苟简，却似奢侈的模样，然则管仲之不俭，得非以知礼而然乎！"孔子答说："礼莫大于名分，分莫大于君臣，不可一毫僭差者也。且如有国的诸侯，才得设屏于门，以蔽内外。非大夫所宜有者。今管氏也设屏于门以蔽内外，与邦君一般，其僭礼一也。诸侯为两国的宴会，那时献酬，有反爵之坫，非大夫所宜用者。今管氏也有反爵之坫，与邦君一般，其僭礼二也。这等僭上，决不是知礼的人。若说管氏知礼，则天下之人，谁是不知礼者乎？"盖人之器量大小，固不在于行事之广狭。大禹恶衣菲食，不害为圣。周公之富，不病其奢。或人既以器小为俭，又以不俭为知礼，其心愈惑，而失之愈远矣。然孔子竟亦未明言器小之意，岂或人之浅陋，不足以语此欤？

【编者按】

太阳有黑点也不减其光辉，宝玉有瑕疵也不失其为美玉。管仲历来备受孔、孟二圣的不齿，但他仍是历史上的伟大人物。居官做人大端小节两备齐美者很少。他人可责其大端，不可论其小节；而自家必得守其小节，方可积以大端。

十八、奏乐之道与政相通

子语鲁大师乐。曰："乐其可知也；始作，翕如也；从之，纯如也，皦如也，绎如也，以成。"

——《论语·八佾第三》

【张居正直解】

［语］是告语；［鲁大师］是鲁国掌乐之官；［翕］是合；［从］是放；［纯］是和；［皦］是明白；［绎］是相续不绝的意思；［成］是乐之一终。

当时鲁国衰微，音乐废缺。乐官多失其职者。故孔子告鲁大师以作乐之道说："汝为典乐之官，必知道乐之节奏，然后可以作乐，今先王之乐，犹未尽亡，其始终条理之妙，可得而知也。吾试为汝言之：盖乐有六律、五声、八音，有一不备，不足以言乐。故始作之时，必须声音律吕，件件都全，而翕然其合焉。然备而不和，亦不足以言乐。故乐之既放，必须清浊高下，皆中其节，而纯然其和焉。和，则易至于混乱，又必一音自为一音，而皦然其明白。皦，则易至于间断，又必众音相为起伏，而绎然其连续。夫翕合之后有纯和，纯和之中有明白，明白之中无间断。自始至终，曲尽条理节奏之妙，是乃乐之一成也。由此而至于九成，其道理不过如此，汝太师岂可以不知乎？"盖声音之道，与政相通，不但可以养人之性情，而亦可以移易天下之风俗，所系甚重。故孔子自卫反鲁，既汲汲于正乐，而其于太师，又谆谆以告诫之如此。

【编者按】

为政同样要有主旋律，要有主有辅，要有节奏、次序，要有曲曲相和、音音相承的连续性。只有一个音符不成曲子，每个音符都同时发声便是一团糟，而且要有始有终才成曲子。

十九、圣人失位去国，不失木铎警音

仪封人请见。曰："君子之至于斯也，吾未尝不得见也。"从者见之。出曰："二三子，何患于丧乎？天下之无道也久矣，天将以夫子为木铎。"

——《论语·八佾第三》

【张居正直解】

［仪］是卫邑名；［封人］是掌封疆之官；［见］是相见；［从者］是随从，孔子的门人；［丧］是失位去国；［木铎］是古人施政教时，用以警众的器具。其器金口木舌，摇之则有声，即今之铃是也。

昔孔子周流四方，到卫国之仪邑，有个掌封疆的官，来请见说："敬贤者，吾之素心。凡贤人君子来到这地方，我必求见，未尝拒我而不得见也。今夫子幸至于此，独不容我一见乎？"门人以其求见之诚，为之引见于孔子。封人既见孔子而出，乃对门人说："夫子之失位去国，固其一时之不遇，然二三子何必以此为忧乎？盖治乱相因，是乃必然之数，而易乱为治，必待非常之人。今世教陵夷，人心陷溺，天下之无道，亦已久矣。世无终乱之理，必当复治。吾观夫子之道德，正可以易乱而为治者。天生斯人，岂是偶然，必将使之得位行道，施政教于四方，以开生民之耳目，以觉天下之愚昧，就如那警众的木铎一般，岂终于不遇也哉！"

夫圣人盛德感人，能使封人尊敬而笃信之如此。然当时列国之君，不能委国而授之以政。至于辙环天下，卒老于行，此春秋之时，所以终不能挽而为唐虞之世也欤！

【编者按】

人性大于兽性是永远不可改变的。你一摇铃，野兽便吓跑了，可是贪污犯的人皮被剥下来，揎上草，制成标本立在朝堂为警示，但该贪的还贪，该墨的还墨。人比动物聪明这是注定，但恰恰是聪明反被聪明误。从前是讲"小民不畏死，奈何以死惧之"，而今则是"贪官不畏死，奈何以死惧之"？让他无法可贪，无法可逃，一死亦不足以了之是了。

二十、舜政尽美尽善，周治尽美欠善

子谓《韶》："尽美矣，又尽善也。"谓《武》："尽美矣，未尽善也。"

——《论语·八佾第三》

【张居正直解】

〔韶〕是舜的乐名；〔武〕是武王的乐名；〔尽美〕是说声容到极盛的去处；〔尽善〕是说盛美之中到极妙的去处。

门人记说："自古帝王有成功盛德于天下，则必作乐以宣之，故观乐之情文，便可以知其功德，然其间自有不同。吾夫子尝说：帝舜之乐，叫作《大韶》，他作于绍尧致治之后，其声音舞蹈至于九成，固极其盛美而可观矣。然不但尽美，而美之中又极其善焉。盖舜以生知安行之圣人，雍容揖逊而有天下，故心和气和，而天地之和应之。至于格神人，舞鸟兽，其妙有不可形容者，所以说又尽善也。武王之乐，叫作《大武》。他作于伐暴救民之日，其节奏行列，至于六成，固极其盛美而可观矣。然就其美之中而求之，则有未极其善者焉。盖武王以反身修德之圣人，征诛杀戮而得天下，故虽顺成和动之内，未免有发扬蹈厉之情，比于韶乐，则微有所不足者，所以说未尽善也。"

然孔子此言，虽评论古乐之不同，而二圣之优劣，亦可概见矣。

【编者按】

政之善美，不可一概而论、同日而语。周武王处大舜之民，未必能称王；若使大舜治周亦未必会有八百年天下。时势不同，道自不同。这也是一条政治之法则，而不可泛论异代政治之优劣。

二十一、治国"三本"：
宽、敬、哀不可一缺

子曰："居上不宽，为礼不敬，临丧不哀，吾何以观之哉？"

——《论语·八佾第三》

【张居正直解】

孔子说："凡事有本，必得其本，而后其末有可观。且如宽弘简重，乃居上之体也。恭敬严肃，乃行礼之实也。伤痛悲哀，乃临丧之道也。这都是本之所在，有其本，则推之于行事者，自然可观。若使居上的苛刻琐碎，而不知宽弘之大体；行礼的怠惰简慢，而无恭敬之实意；临丧的专事矫饰，而无哀痛之真情：则其本已先失了。虽其政教号令之施、进退周旋之节，缞麻擗踊之文，未必尽无可观。然大本既失，则末节无可言者，吾何以观之哉？"

盖甚言其不足取也。盖当时王道不举，而苛政至于残民，古礼不复，而繁文至于灭质。故孔子矫时之敝如此。

【编者按】

为上者，无宽容、宽恕之心，则无以成其大，无以广其众，一"宽"字乃天地之道；荀子说天下万事，最重要的最高的不过一"敬"字：敬人、敬事、敬业、敬自然，而何患事不顺；一"哀"字乃是发乎于心之情诚，必能感人至深。所谓"感动"也许正是有"感"才有"动"吧！人本来是一种感情动物，为官者总该有点让人感动之事，才有威信。然而存心作秀则只有反动。

二十二、贪天下利者必招天下怨

子曰："放于利而行，多怨。"

——《论语·里仁第四》

【张居正直解】

［放］是依仿。

孔子说："人能好义，则事皆公平，而人亦悦服。若其处心制行，只依着利的那边，物之有利者，必欲得于己；事之有利者，必欲专于己。这叫作放利而行。夫利既在己，害必归人，则不惟受其害者有所不堪，而不受害者，亦有所不平也。岂不多取怨于人乎！"夫放利而行，本欲为身谋，为家计也。至于多怨，又岂保身全家之道哉！故君子不以利为利，以义为利也。

【编者按】

马基雅维利说："人们怨恨谁，就一定要打倒他。"此言非谬，无非早晚有别而已。而招人怨恨的无非贪利自肥。名利均是天下公器，不可私取于己。多取者必招怨。

二十三、人君以礼让在先治国何难

子曰："能以礼让为国乎？何有？不能以礼让为国，如礼何？"

——《论语·里仁第四》

【张居正直解】

〔礼〕是尊卑上下的礼节；〔让〕是逊让，即礼之实处；〔何有〕是不难的意思；〔如礼何〕譬如说没奈他何。言礼不为之用也。

孔子说："人君为国不可专倚着法制禁令，必须以礼让为先。盖礼以别尊卑，辨上下，固有许多仪文节目，然都是恭敬谦逊的真心生发出来。如君臣有朝廷之礼，然上不骄，下不僭，名分自然相安，这就是君臣间的礼让。父子有家庭之礼，然父慈子孝，情意自然相洽，这就是父子间的礼让。是让，乃行礼之实也。若是为人君的，能以礼让为国，或修之威仪言动

046

之间，以示之标准；或严于名器等威之辨，以防其僭踰。凡所行的礼，都出于恭敬谦逊之实，则礼教既足以训俗，诚意又足以感人，那百官万姓每，自然都安分循理，相率而归于礼让，纪纲可正，而风俗可淳，其于治国何难之有？若不能以礼让为国，都只在外面粉饰，没有恭敬谦逊的真心，则出之无本，行之无实，虽有许多仪文节目，都不是制礼的初意，虽欲用礼，亦无如之何矣！礼且不可行，而欲其治国，岂不难哉！"此可见为国以礼，行礼以让，先王化民成俗之道，莫要于此。

【编者按】

礼不可缺，让不可无。但礼让若果能治国，何须刑法兵革？王道可统，霸道不可行，而王道一旦失范衰微，天下必兴霸道。因此，春秋战国，霸道总是凌辱王道，终了结了大周的王统性命。王道虽为政治之本，但治乱世非霸道不行；而治霸道则非强大暴力铁血手段则无以治平。是以，伊朗高原上古语云：天下暴君，必有大暴君生而治之。

二十四、不患无名无位，可忧者无才无德

子曰："不患无位，患所以立；不患莫己知，求为可知也。"

——《论语·里仁第四》

【张居正直解】

〔患〕是忧患；〔位〕是爵位；〔所以立〕是所以居位之具；〔可知〕是可以见知之实。

孔子说："天下之事，有系于人者，不必忧。有在于己者，所当忧也。如爵位之不得，人常忧之，君子则以人不我用，其责在人，于我无预，何忧之有？惟所以立乎其位者，乃吾职分之所当为也。苟上不能致君，下不能泽民，而吾之职分有亏，即幸而居位，亦不免尸位之诮矣！故必以为忧焉。名誉之不著，人常忧之，君子则以人不我知，其失在人，于我无

预，何忧之有。惟可以见知之实，乃吾性分之所固有也。苟知未至于高明，行未至于光大，而吾之性分有亏，即幸而得名，亦不免名胜之耻矣。故必以为求焉。"夫患所以立，非修此以觊得其位；求为可知，非务此以求知于人，盖君子为己之学如此也。不然，有为而为，则亦小人儒耳。奚足贵哉！

【编者按】

名利无非身外之物。此生唯愿活得充实而不虚度，能做自己喜做的事足矣。如只想做官、捞钱，那就没办法了，只要肯不要脸、不要命便成。当然，也要有本事。

二十五、齐贤如春园草日高，
内省如恒河水自洁

子曰："见贤思齐焉，见不贤而内自省也。"

——《论语·里仁第四》

【张居正直解】

〔贤〕是有德的人；〔齐〕是齐一；〔不贤〕是无德的人；〔省〕是省察。

孔子说："人之自修者，砥砺之功，固当尽于己，观感之益，亦有资乎人。如见个有德的贤人，心必羡之，然不可徒羡之，又必自家思想说：'善本吾性，事在人为，他有这等贤德，我何为独不能？'必勉强奋发，定要与他一般才罢，这是见贤思齐焉。如见个无德不贤的人，心必恶之，然不可徒恶之，又必自家省察说：'为恶甚易，自知甚难，他干的这等样事，莫不我身上也有？'一或有之，必当速改以复于善才罢，这是见不贤而内自省也。"

夫见贤思齐，则日进于高明，见不贤内省，则不流于污下，此君子之所以成其德也。然是道也，通乎上下者也，人君若能以古之圣哲自期，而务踵其芳规，以古之狂愚为鉴，而毋蹈其覆辙，则为圣君不难矣。

【编者按】

春园之草不见其长而日高；恒河之水，不见其污，因河床有自洁元素。人日见贤与不贤，能日有取舍，自如春草洁水。只惜今人多污贤以齐己，足见世风之秽败。

二十六、厚德招邻，孤者乏德

子曰："德不孤，必有邻。"

——《论语·里仁第四》

***

【张居正直解】

〔孤〕是独立；〔邻〕是邻舍。

孔子说："德乃人心之所固有，亦人情之所同好。人而无德，则人皆贱恶，固有独立而无与者。若是有德的人，则岂有孤立之理乎！必然同声相应，同气相求，见其德者，固愈加亲近，闻其风者，亦翕然信从，就似居处之有邻家一般，有不招而自来者矣！"

故人君修德于上，则万姓归心，四夷向化，而天下为一家。不然，则众叛亲离，不免于孤立而已。可不慎哉！

【编者按】

能孤者不是野兽，便是神圣。

二十七、数谏上司者必辱，
屡劝朋友者必疏

子游曰："事君数，斯辱矣；朋友数，斯疏矣。"

——《论语·里仁第四》

【张居正直解】

　　[子游]是孔子弟子言偃，字子游；[数]是烦数；[辱]是羞辱；[疏]是疏远。

　　子游说："人臣以匡救为忠，朋友以切磋为义，固皆理之当然，然于言语之际，也要见机。且如君有过而谏诤，使其听焉，固可以尽吾心矣。若不肯听，便当去。苟或不识进退，而专务戆直，至于烦数而无已，则君必厌闻，不以为忠，而反以为谤，未免加之以斥辱矣！事君者可不戒哉！朋友有过而相规，使其听焉，固可以尽吾心矣。若不肯听，便当止，苟或不度可否，而徒好尽言，至于烦数而不止，则彼必厌听，不以为德而反以为怨，必将日至于疏远矣。交友者可不戒哉？"

然子游之说，特为进言者发耳。若夫为君为友者，又当思毒药苦口利于病，忠言逆耳利于行，优容褒奖，以求乐告之诚，虚心受善，以求切磋之益，庶德日进而过日寡，与圣贤同归矣！若一有厌恶之心，而加之以疏辱之罪，则在彼固以言为讳，而不肯再言。他人亦以彼为戒而无复直言，上下隔绝，彼此蒙蔽，其害有不可胜言者矣！听言者，又可不戒哉！

【编者按】

人性的弱点是喜欢吹捧，连拿破仑都公然说："我喜欢结交奉承我的人。"唐太宗那般纳谏的明主在魏徵犯颜直谏后，回宫便恨得咬牙切齿地骂道："有朝一日，非杀了这田舍翁。"朋友间也如此，有道是"劝赌不劝嫖，劝嫖两无交"，重色轻友是狗男的本性。

二十八、孔子嫁女于公冶长：
择人先择德

子谓公冶长，"可妻也，虽在缧绁之中，非其罪也"。以其子妻之。

——《论语·公冶长第五》

【张居正直解】

[公冶长]是孔子弟子；女嫁与人为妻，叫作[妻]；[缧]是黑索；[绁]是拘挛犯罪的人；以黑索拘系之于狱中，叫作[缧绁]；[子]是所生的女，古人男女皆谓之"子"。

门人记孔子曾说："人伦莫重于婚姻，匹配莫先于择德。吾门弟子，若公冶长者，可以女配之而为妻也。他平日素有德行，虽曾为事拘系于狱中，乃是被人连累，而非其自致之罪，既非其罪，则固无害其为贤矣！"于是以所生之女而为之妻焉。此可见圣人之于婚嫁，不论门族，而惟其人；不拘形迹，而惟其行。非独谨于婚姻，亦可谓明于知人者矣！

【编者按】

能把自己的女儿嫁于昔日的囚犯，即今之常人似也难能，这正是圣人所以为圣。择人重择德才固是理当，然而造物补偿律多使人不以德才兼备。德者常无才无能，而才者、能者多缺其德。但才者、能过于德者，一旦失德，破坏力也是最大的。官人们慎之。

二十九、孔子嫁侄女于南容：
以其识时务知进退

子谓南容："邦有道，不废；邦无道，免于刑戮。"
以其兄之子妻之。

——《论语·公冶长第五》

【张居正直解】

〔南容〕是孔子弟子南宫绍，字子容；〔废〕是弃而不
用；〔戮〕是杀戮。

门人又记，孔子曾说："吾门有南容者，尝三复白圭之诗，
平日素能谨言慎行，是个有德的君子。若遇着国家有道，君子
进用之时，他有这等抱负，必然人人荐举他，使之得位而行
道，必不至于废弃而不用也。遇着国家无道，小人得志之日，
他既言语谨慎，不至取怨于人，亦可以全身而远害，必不陷于
刑戮之祸也。处治处乱，无所不宜，则其贤可知矣！"于是以

其兄之女配之而为妻焉。前章以己女妻公冶长，此章以兄女妻南容，皆择贤而配，圣人致谨于婚配之礼如此。

【编者按】

可见孔子既重当途见用，不被弃置；也重全身远害，可谓兼得鱼熊。当官须有德行才具，远害则须慎言避怨。

三十、人之才可见，其德不可外观

孟武伯问："子路仁乎？"子曰："不知也。"又问。子曰："由也，千乘之国，可使治其赋也，不知其仁也。""求也何如？"子曰："求也，千室之邑，百乘之家，可使为之宰也，不知其仁也。""赤也何如？"子曰："赤也，束带立于朝，可使与宾客言也。不知其仁也。"

——《论语·公冶长第五》

【张居正直解】

〔孟武伯〕是鲁大夫仲孙彘；〔仁〕是本心之全德。

孟武伯问于孔子说："夫子之门人如子路者，果能全其心德而为仁人矣乎。"孔子以仁道至大，不可轻许，故答他说："仁具于各人之心，难以必其有无，仲由之仁与未仁，我所不知也。"

〔千乘之国〕是诸侯大国，其地可出兵车千乘的；〔赋〕是兵，古者军马都出于田赋中，故叫作"赋"。

孟武伯以知弟子者莫若师。子路之仁，夫子岂有不知的？故又以为问。孔子答说："由也好勇而果断，便是千乘的大国，若用他管理那兵赋的重事，必能训练倡率，不但使军旅强盛而有勇，抑且使亲上死长而知方，其才之可见者如此。若其心之仁与不仁，吾不得而知也。"

〔求〕是孔子弟子冉求；〔室〕是家；〔邑〕是县邑；〔百乘〕是卿大夫之家，有采地千里，可出兵车百乘的；邑长家臣，通叫作〔宰〕。

孟武伯又问夫子之门人若冉求者何如，抑能全其心德而为仁人矣乎？孔子答说："求也多才。虽是千家的大邑，百乘的大家，若用他作邑长，必能修政于其邑，而使人民无不安。用他作家臣，必能修职于其家，而使庶务无不举，其才之可见者如此。若其心之仁与不仁，吾不得而知也。"

〔赤〕是孔子弟子公西赤；〔束带〕是着礼服而束带于其上；〔宾客〕是四方来聘的使臣。

孟武伯又问："夫子之门人若公西赤者何如，抑能全其心德而为仁人矣乎？"孔子答说："赤也知礼。若使他束带立于朝廷之上，应对那四方来聘的宾客，必能通两国之情，达宾主之意，而不至于失礼。其才之可见者如此。若其心之仁与不仁，吾不得而知也。"

　　盖仁之为言，必纯乎天理，而无一私之杂，始终惟一，而无一息之间，才叫作"仁"。其心之纯与不纯，有非行事所可见，他人所能识者。故夫子于三子皆许其才，而未信其仁。盖以发于外者易见，而蕴于心者难知也。有志于求仁者，当省察于吾心独知之地而后可。"

【编者按】

　　识人不可妄评，唯有如尧任舜，先任于小政，试其才能；置于艰险，试其胆色；托以子，试其御人之术；妻以女观其德色；然后才授以摄政，观其所行；然后才授以天下，方可为用得其人，方有天下大治。孔子为思想家，远非政治家。尽管孔、孟二人都以治天下舍我其谁而自许，而终生只可为师而不得为长。

三十一、自知者必不满于已知，
自叹不如必上进达

　　子谓子贡曰："女与回也孰愈？"对曰："赐也何敢望回。回也闻一以知十。赐也闻一以知二。"子曰："弗如也，吾与女弗如也。"

——《论语·公冶长第五》

【张居正直解】

　　［愈］字，解作"胜"字。

　　昔孔子因子贡好比较他人的短长，而或暗于自知，故问之说："你与颜回同游吾门，你自家说，比他所学，孰为胜乎？"

　　子贡对说："人之资质有高下，悟道有深浅。赐也何敢指望到得颜回。盖回也是生知之亚，资禀既高，工夫又到，其于天下的义理，听得一件，就晓得十件。从头彻尾，无不默识心通，盖闻一以知十者也。赐也学而知之，资禀既庸，工夫又浅，其于天下的义理，听得一件，只晓得两件，比类思索，因此识彼，不过闻一以知二而已。即此观之，回胜于赐远矣！赐也果何敢望回乎！"

[与]是许。孔子因子贡之言，遂激励引进之说道："汝自谓不如颜回，此言非虚，汝委的不及他。但人莫难于自知，而亦莫难于自屈。今汝自以为弗如，则是自知之明，而又不难于自屈矣。夫能自知，则必不安于所已知，能自屈则必益勉其所未至，今日之不如，安知他日之终不如乎？我诚取汝这弗如之说也。"

其后，子贡终闻性与天道，不止于闻一知二而已。岂非夫子激励造就之欤！然这"弗如"之一念不但是学者上进的机栝，若使为人君者能以古之帝王为法，而自视以为不如，必欲仰慕思齐而后已，则其进于圣帝明王也不难矣！

【编者按】

古人言：人贵有自知之明，能自知者必不自满；孔子讲人贵有自屈之心，人能敢于承认"不如"，就必有不甘居人后之尽心尽力。"闻一知二"自不如"闻一知十"，但既能知二，谁又敢说就不能知十？

三十二、以言取人必有所失

宰予昼寝。子曰:"朽木不可雕也,粪土之墙不可杇也,于予与何诛?"子曰:"始吾于人也,听其言而信其行;今吾于人也,听其言而观其行。于予与改是。"

——《论语·公冶长第五》

【张居正直解】

[宰予]是孔子弟子,姓宰名予;[昼寝]是当昼而睡;[朽木]是腐坏的木植;[雕]是刻;墙壁上盖着泥粉,叫作[杇];[诛]是责;[何诛]是说不足怪责。

昔孔门设教,只是要人好学。盖能好学,则志气精明,工夫勤密,然后可以入道。宰予学于孔子之门。一日当昼而寝,这便是昏昧怠惰,不肯好学的人。故孔子责之说:"凡木之坚者,然后可雕。若朽腐之木,虽欲雕刻成文,必然坏烂,岂可得而雕乎?凡墙之固者,然后可杇。若粪土之墙,虽欲饰以泥粉，必然剥落，岂可得而圬乎！譬如人必有志向学，然后可教，今予之昏惰如此，就似那朽腐之木，粪土之墙一般，虽欲教之，而无受教之地矣！然则我之于予，又何用于责备乎！"言不足责乃所以深责之也。夫宰予以一昼寝之失，而孔子责之严切如此，可见人当以勤励不息自强，以怠惰荒学为戒。故禹惜寸阴，成汤昧爽丕显，文王日不遑息，孔子发愤忘食，此皆生知之圣人，其勤如是。况未及圣人者乎？学者不可不深省也。

宰予平日每自言其能学，今乃当昼而寝，志气昏惰，则行不及言甚矣！故孔子又警之说："听言甚易，知人甚难。我始初与人相处，只道会说的便会行。故听人之言，就信其行，而不复疑其素履之何如。如今看来，凡人能言者多，躬行者少。若闻言便信，未免为人所欺，故自今以往，听人之言，必观其行，而不敢遽信其言、行之相顾也。夫既听其言，又观其行，则虽善为词说者，无所用其欺，而可免于轻信之失矣。然我所以能改此失者，只为宰予能言而行不逮。我起初曾信其行，而今日始觉其非，故以此为戒，而改我之失耳。"

孔子此言，所以深警宰予，使之惕然而悔悟也。夫师弟子之间，朝夕相与，其为人贤否易见，而孔子犹谓以言取人，失之宰予。盖人之难知如此，况人君之于臣下，尊卑之分悬殊，接见之时甚少，欲尽知其心术之微，得其行事之实，岂不难哉！盖敷奏必以言，而明试必以功，此即听言观行之法，用人者所当加意也。

【编者按】

孔子言行不一。教帝王君主"举贤以教不能"，而宰予只是大白天睡了一觉，便说他是腐朽之木、粪土之墙，非为人师之语。

三十三、不屈物惑者为刚，
能胜己欲者为强

子曰："吾未见刚者。"或对曰："申枨。"子曰：
"枨也欲，焉得刚？"

——《论语·公冶长第五》

【张居正直解】

[刚]是坚强不屈的意思；[申枨]是孔子弟子，姓申名枨；[欲]是贪欲。

孔子说："凡人立身于天地间，须是有刚强之德，乃为可贵。然我看如今的人，都未见有刚强者。"孔子之所谓刚，不但是血气强勇而已，是说人得天地之正气，而又有理义以养成之，其中磊落光明，深沉果毅，凡富贵贫贱，祸福死生，件件都动他不得。然后能剖决大疑，而无所眩惑，担当大事，而不可屈挠，此乃大丈夫之所能，而非人之所易及者，故孔子叹其难见耳。或人不知其义，止见申枨血气强勇，就以为刚。乃对孔子说："夫子之门人如申枨者，其为人岂不刚乎！"孔子答说："凡刚强的人，必不屈于物欲。枨也多欲，不能以理义为主，则凡世间可欲之事，皆足以动其心。其心一动，则意见必为之眩惑，志气为之屈挠矣，焉得谓之刚乎！"

观孔子此言，可见有欲则无刚，惟刚则能制欲，凡学为圣贤者，不可以不勉也。然先儒有言，君德以刚为主。盖人君若无刚德，则见声色必喜，闻谀佞必悦，虽知其为小人，或姑息而不能去，虽知其为弊政，或因循而不能革，至于优游不断，威福下移，其害有不可胜言者，欲求致治，岂可得哉！然则寡欲养气之功，在人君当知所务矣。

【编者按】

人没了欲望，社会也就停滞不前了。但欲望如所罗门魔瓶里的魔鬼，一时失去了控制，便会无限膨胀，既害人也害己。而人有这种控制能力，那个渔夫不是终于把那个魔鬼装到魔瓶里去了吗？

三十四、上者不自是，可以为圣君贤主

子贡问曰："孔文子何以谓之'文'也？"子曰："敏而好学，不耻下问，是以谓之'文'也。"

——《论语·公冶长第五》

【张居正直解】

〔孔文子〕是卫国的大夫，姓孔名圉，谥文子；〔敏〕是聪敏；〔下问〕是问于在下的人。

古时生有爵位者，没必有谥。人有贤否，则其谥有美恶。孔圉得谥为文，是个美谥。子贡疑其为人不足以当之。乃问于孔子说："卫大夫孔文子者，不知何以得谥为文也。"孔子答说："凡人资性明敏的，便恃着他的聪明，不肯向学。孔圉虽有明敏之资，他却不敢自是。凡礼乐名物，古今事变，一一讲习讨论，而无有厌心，其勤学如此。爵位尊显的，便看得自己过高，耻于下问。孔圉虽居大夫之位，他却不敢自亢，凡事

069

有未知的，一一访问于人，虽下僚之卑，小民之贱，也虚己问之，而不以为耻，其好问如此。盖谥法中有云：勤学好问曰'文'。今孔圉之行，正与之相合，此其所以得谥为'文'也。"

然勤学好问，不但是卿大夫之美行，虽古帝王之盛节亦不外此。盖人君有聪明睿智之资，尤易于自用；居崇高富贵之位，尤难于自谦。然不学，则义理无由而明；不问，则闻见无由而广。故虞舜好问好察，所以为圣。高宗逊志典学，所以为贤，真万世人君所当法也。

【编者按】

位高不等于才智高、学问高、眼界高。善用他人之智为大智，善用他人之力者可称无敌，善明察万事者为高明。有勤学有下问才有上智，而何耻之有？

三十五、郑用一人而自全二强之间，
子产君子四道列春秋之贤

子谓子产："有君子之道四焉：其行己也恭，其事上也敬，其养民也惠，其使民也义。"

——《论语·公冶长第五》

【张居正直解】

〔子产〕是郑大夫公孙侨，字子产；〔恭〕是谦逊；〔敬〕是谨恪；〔惠〕是恩惠；〔义〕是裁制经画，事事都有条理的意思。

昔孔子尝称说："郑大夫子产之为人，有君子之道四件，何以见之。彼恭以持己，君子之道也。子产之行己也，则有善不矜，有劳不伐，推贤让能，退然恭逊以自居，是有君子之道一也。敬以事君，君子之道也。子产之事上也，则内修国政，外睦诸侯，小心尽职，始终敬谨而无怠，是有君子之道二也。

仁以育民，君子之道也。子产之养民也，则利必为之兴，害必为之去，件件都替百姓留心，而有厚下之深恩，是有君子之道三也。义以正民，君子之道也。子产之使民也，则辨上下之等，均彼此之利。事事都有个限制，而无姑息之弊政，是有君子之道四也。"子产备这四美于上下人己之间，是以能尊主庇民，而郑国赖之，岂非春秋之贤大夫欤！然郑以区区小国，能用子产，故虽介于晋楚二强国之间，而竟能杜其侵陵之患，若人君以天下之大，任用得人，则其长治久安之效，又当何如哉！此用人者所当加意也。

【编者按】

自古君王之能，皆得其人一端。只要用得其人，虽文武才具都属下乘，也自得功成业就。而商纣、智伯、项羽都是才堪一流盖世，终亡国败军，都败亡于自恃而用非与不用贤人。

三十六、晏平仲善与人交久而敬之

子曰："晏平仲善与人交，久而敬之。"

——《论语·公冶长第五》

【张居正直解】

［晏平仲］是齐大夫，姓晏名婴，字平仲；［善与人交］是说能尽交友之道。

孔子说："朋友五伦之一，人所必有者也。但交友者多，善交者少，惟晏平仲则善与人交，而能得其道焉。何也，人之交友，起初皆知相敬，至于既久，则习狎而怠忽矣！怠忽则必生嫌隙，嫌隙既生，交不能全矣。平仲之与人交也，始固相敬，至于久而亦然，不以其习狎而生怠忽之心，故交好之义，始终无替，此平仲之所以为善与人交也。"

【编者按】

　　世界上越是难为之事，越具美善之质。而人多知难而退，遇难而回，所以多泛泛平庸之人。但晏平仲二桃杀三士，够坏的了。

三十七、大智者不妄求祸福于鬼神

子曰："臧文仲居蔡，山节藻棁，何如其知也？"

——《论语·公冶长第五》

【张居正直解】

［臧文仲］是鲁大夫，姓臧名辰，谥为文仲。素以智名者也；［居］是藏；［蔡］是大龟，用以为卜者，以其获之于蔡地，遂名为蔡；［节］是柱头斗拱；［藻］是水草；［棁］是梁上短柱。

孔子说："人都以臧文仲为智，然明智之人必然见理不惑，试举他一事言之。且鲁之有大龟，虽所以为占卜之用，然不过以决疑示兆而已，非能司其祸福之柄也。文仲乃为屋室以居之，又将那柱头斗栱上，都刻为山形，梁上的短柱，都画上水草，真若大龟居处于其中，而能降福于人者，斯不亦大惑矣乎。"盖人有人之理，神有神之理。人之理所当尽，而神之理，则幽昧而不可知。惟尽其所当务，而不取必于其所难知，斯可谓智矣。今文仲不务民义，而谄渎鬼神如此，则是不达幽明之理，而惑于祸福之说，其心之不明亦甚矣。何如谓之智乎？夫文仲之智，人皆称之。夫子独据实而断其不然，这正是众好之必察焉者。所以为人物之权衡也，观人者宜取以为法。

【编者按】

信鬼神者多心虚，求祸福者多恶棍，而孤苦无助者求神佛天主而又何益？人只需按自己的良知去做事足矣。虽有无端之祸福，但春风秋雨、春华秋实的善恶果报多不爽。有道是平生没做亏心事，不怕半夜鬼敲门。

三十八、楚子文三任三免无喜怒，
齐文子三去三就为一清

　　子张问曰："令尹子文三仕为令尹，无喜色；三已之，无愠色。旧令尹之政，必以告新令尹。何如？"子曰："忠矣。"曰："仁矣乎？"曰："未知，焉得仁？'"崔子弑齐君，陈文子有马十乘，弃而违之。至于他邦，则曰：'犹吾大夫崔子也。'违之。之一邦，则又曰：'犹吾大夫崔子也。'违之。何如？"子曰："清矣。"曰："仁矣乎？"曰："未知。焉得仁？"

　　　　　　　　　　　　——《论语·公冶长第五》

【张居正直解】

　　[令尹]是楚国执政的官；[子文]是楚人；[仕]是进用；[已]是罢官；[愠]是怒意。

子张问于孔子说："楚国之令尹，有子文者，曾三次进用而为令尹，人都羡他尊荣，他却无喜悦之色。及至三次罢官，人都替他称屈，他也无愠怒之色。其喜怒不形如此。他既罢了令尹，又把旧日所行的政事，一一告与新任的令尹，略无猜嫌妒忌之心。其物我无间如此，这等为人，夫子以为何如？"孔子答说："凡人患得患失，妒贤嫉能者，都是只顾自己，不为国家，此乃不忠者之所为也。子文这等行事，是不贪恋朝廷的名爵，只要干济国家的政事，是个实心为国的人，可以为忠矣。"子张又问说："制行如此，人所难能，亦可谓之仁人矣乎？"孔子答说："仁在于心，不在于事。子文之行虽忠，然未知他心里如何，若有一毫修名为人之意，便是私心，而非纯乎天理之公者矣！焉得便信其为仁矣乎！故不敢以轻许之也。"

［崔子］是崔杼，［陈文子］是陈须无，都是齐国的大夫；马四匹为一乘，［十乘］是四十匹；［违］是去；［犹］是相似。

子张又问说："当初齐大夫崔子弑了齐君，那时也有同恶相济的，也有隐忍不去的。独有陈文子者，恶其为逆，不肯与之同列，虽以大夫之官，有马十乘之富，飘然弃而去之，略无贪恋顾惜之意。及到他国，见其臣皆不忠，便说道：'这就与吾国大夫崔子一般，不可与之共事。'遂违而去之。又到一国，见其臣亦不忠，又说道：'这也与吾国大夫崔子一般，亦不可与之共事。'又违而去之。其审于去就如此。夫子以为何如？"孔子答说："凡人与恶人居，便要污坏了自己的名节，清者不为也。今陈文子不恋十乘之富，不居危乱之邦，是个洁白不污的人，可以为清矣。"子张又问说："制行如此，人所难能，亦可谓之仁人矣乎？"孔子答说："仁在于心，不在于事。文子之行虽清，未知他心里如何？若有一毫愤俗自高之意，而后来不免于怨悔，这也是私心，而非纯乎天理之公者矣！焉得遽信其为仁矣乎！故亦不敢轻许之也。"大抵人之行事易见，而心术难知。其念虑之纯与不纯，存主之实与不实，有非他人所能尽察者，故虽以文子之忠，文子之清，而夫子犹未肯以仁许之。观此，则仁之所以为仁，其义可知，而人之有志于仁者，当知所务矣。

【编者按】

孔子是个大怀疑论者，他似乎不相信任何人是仁者，只有他自己才是仁者，而讲"仁者在于心，不在于事"，那么这世上还有仁者吗？

三十九、孔子批"三思而后行"，
称二思则可

季文子三思而后行。子闻之，曰："再，斯可矣。"

——《论语·公冶长第五》

【张居正直解】

〔季文子〕是鲁大夫，名行父，谥为文子；〔三思〕是思了又思，辗转无已的意思；〔再〕是两次思量。

昔鲁大夫季文子者，是个用心周密的人，每事必反复计虑，思了又思，辗转数次，然后施行。孔子闻之说道："人之处事，固不可以不思，而亦不可以过思。故凡事到面前，造次未可轻动，从而仔细思量一番，及思之已得，犹恐见不的确，又平心易气，再加斟酌一番。如此，则事理之可否从违，裁度已审，行出来自然停当，斯亦可矣！何必三思为哉！"

盖天下之事，虽万变不齐，而其当然之理，则一定不易，惟在义理上体察，则再思而已精，若用私意去揣摩，则多思而反惑。中庸教人以慎思者，意正如此。善应天下之事者，惟当以穷理为主，而济之以果断焉，则无所处而不当矣！

【编者按】

胸中无数、心无底气，自须自要多思，但优柔寡断，不但难成事，亦必误事。多思缓行，还是当机立断须分缓急轻重。救人、救急、救火、救难，你还要讲民主决策，讲事缓则圆，就是混蛋、就是犯罪。

四十、何谓"智可及愚不可及"

子曰:"甯武子邦有道则知,邦无道则愚。其知可及也,其愚不可及也。"

——《论语·公冶长第五》

【张居正直解】

〔甯武子〕是卫大夫甯俞,谥武子;〔知〕是明智;〔愚〕是昏愚。

盖世有明智之人,有昏愚之人。又有一等明智之深,韬光用晦,权以济变,反似昏愚的,则所谓大智若愚者也。甯武子能然,故孔子称之说:"甯武子之为卫大夫也,当国家有道,治平无事之时,则明目张胆,知无不为,直道而行,无少委曲,他的才能智识,都昭然可见,真是个明智的人。及至国家无道,危急存亡之日,则韬晦隐默,不露形迹,而卒以济艰难之业,成国家之事。他的才能智识都暗然内用,却似个昏愚的人。夫观人者，但据其迹而未窥其深，则必以愚不如智矣。自我而言，治平之世，公道昭明，君子可以行其志，但有才能的都会干济，有见识的都会主张，武子之智犹或可得而及也。至于昏乱之朝，则国势倾危，人心疑忌，忠君为国之深意，既难以自明，扶危定乱之微权，又难于先泄，最人之所难处者。武子之愚，乃能上济其君，下保其身，正是他善藏其用的妙处，非天性忠义，而才足以运之者，不能如此，人岂可得而及哉？"

盖处常易，处变难，用其智以立功者易，藏其智而成功者难。所以说其智可及也，其愚不可及也。夫自人之分量而言，智固不如愚，然时乎无道，乃使君子不敢用智而用愚，则岂国家之幸哉！

【编者按】

面对不同的现实而采取不同的策略，是谓政治生存大智慧者。卫大夫甯武子既不逃避现实，又能明哲保身，远胜似那些死谏而无用的愚忠者。"愚智"者无论于国、于身都远胜愚忠者。甯武子可为天下僚属者之镜鉴。

四十一、人君乃世之法：
不念旧恶，自少恨怨

子曰："伯夷、叔齐不念旧恶，怨是用希。"

——《论语·公冶长第五》

【张居正直解】

[伯夷、叔齐]是孤竹君之二子，长曰伯夷，幼曰叔齐；[念]是追念；[怨]是恨；[希]字，解作"少"字。

孔子说："伯夷、叔齐，古之至清介者也。大凡清介的人，疾恶太甚，其中多偏狭而不能容物，故人亦多有怨之者。惟伯夷、叔齐，持身虽介，处心甚平，人有不善，固尝恶而绝之矣。然只是恶其为恶，而非有心以绝其人也。若其人能改而从善，则止见其善，而不复追念其旧日之恶。其好恶之公，度量之广如此，所以人皆尊敬而悦服之，就是见恶的人，亦乐其后来之能恕，而谅其前日之无他。怨恨之心，自然少矣。"此可见疾恶固不可以不严，而取善尤不可以不恕。古圣贤处己待人之道，莫善于此。若人君以此待下，尤为盛德。盖凡中材之人，孰能无过，惟事出故为，怙终不悛者，虽摈斥之，亦不足惜，然或一事偶失，而大节无亏，初时有过，而终能迁改，以至迹虽可议，而情有可原，皆当舍短取长，优容爱惜，则人人乐于效用，而天下无弃才矣。虞舜宥过无大，成汤与人不求备，皆此道也。此可以为万世人君之法。

【编者按】

善人自有所恶，恶人自有所善。可论一事之优劣而不可以一事论人之善恶。疾恶不可绝人，举善不可私亲，人自各得其所，便也自无恨怨所积，自己也心平气和轻松。

四十二、王者之道：临下以简，御众以宽

子曰："雍也可使南面。"

——《论语·雍也第六》

【张居正直解】

[雍]是孔子弟子冉雍；[南面]是人君之位。

冉雍素以德行著名，故孔子称许他说："吾门弟子如冉雍者，其器宇识量，恢恢乎有人君之度，就使之居南面之位，以总理众务，统驭庶民，亦无不可者。"盖仲弓为人宽洪简重，惟宽洪则不失之苛刻，而有容物之量，惟简重则不失之琐碎，而得临下之体，故孔子称之。昔皋陶称帝舜临下以简，御众以宽，文王罔兼知于庶狱庶慎，亦是此意，读者合而观之，可以知君德矣！

【编者按】

自舜禹而至雍正之帝王，皆言"为君难"。为政求治岂可以

简、宽二字而论。治事必以简为要，否则何以成事，能成何事？必简其政去其琐，即请即示，即断即行，即行即断。而行政民生人心，百密一疏，千里金堤，亦溃于蚁穴，必不厌其烦、其密、其细。待人则当宽则宽当严必严。宽一不当宽，必纵百恶；严一不当严，必失众心。宽严不可不慎，凡讨好、沽名、市恩之宽，泄愤、抱怨、失实之严，皆为败亡之道。

四十三、伯子论简政

仲弓问子桑伯子。子曰："可也简。"仲弓曰："居敬而行简，以临其民，不亦可乎？居简而行简，无乃大简乎？"子曰："雍之言然。"

——《论语·雍也第六》

【张居正直解】

［仲弓］是冉雍的字；［子桑伯子］是鲁人；［简］是不烦琐的意思。仲弓知孔子许己南面之意，盖因其器度之简重而取之，而疑子桑伯子之为人亦有与己近似者。故问说："子桑伯子之为人如何？"孔子答说："凡人立身行事，多有过于琐碎，自为烦扰者。伯子为人，简易不烦，盖亦有可取者焉。"按《家语》记伯子不衣冠而处，是乃率意任情、轻世傲物之徒。而孔子以为可者，毋亦以其真率简略，独超于流俗而取之欤？斯仲弓之所以致疑也。

仲弓因孔子许子桑伯子之简，而不能无疑于心，乃遂评论之说："居上临下之道，固贵乎简，然有简当简，有苟简之简，不可不辨也。若能自处以敬，兢兢业业，无一怠惰放肆之心，则中有主而自治严矣。如是而行简以临其民，凡事只举大纲，存大体，不至于琐屑纷更，则事有要而不烦，民相安而不扰，这才是简当之简，岂不为可贵乎！若先自处以简，恣意任情，无矜持收敛之意，则中无主而自治疏矣。而所行又概从简略，不分缓急，不论重轻，一味只是纵弛，则事无可据之规，民无可守之法，是则苟简之简而已，岂不失之过甚而为太简乎？"仲弓此言，盖以伯子为太简，而疑孔子之过许也。

［然］字，解作"是"字。当时孔子许子桑伯子之简，特就其所可取者而许之，盖亦未暇深论。而仲弓之言则精确至当，诚居上临下不易之定论，故孔子深许之说："雍也以居敬之简为可，以居简之简为过，其言岂不诚然乎？"此可见仲弓平日盖能居敬而行简者，孔子许其可居南面，其意正在于此。为人君者，若能详味仲弓之言，而知敬简之义，则所谓笃恭而天下平者，亦不外是矣。

【编者按】

孔子对他的弟子们，给冉雍的评价是最高的了。称他有可以南面称王之资质，而观冉雍之论简政，确有王者之思。只可惜真正有思想的人至多成为宰辅与幕僚。

四十四、用人之道：不因短而弃其长

季康子问："仲由可使从政也欤？"子曰："由也果，于从政乎何有？"曰："赐也，可使从政也欤？"曰："赐也达，于从政乎何有？"曰："求也，可使从政也欤？"曰："求也艺，于从政乎何有？"

——《论语·雍也第六》

【张居正直解】

　　[季康子]是鲁大夫；[从政]是为大夫而从事于政治；[果]是有决断；[达]是通事理；[艺]是多才能；[何有]是说不难的意思。

　　季康子问于孔子说："夫子之门人若仲由者，可使为大夫而从政也欤？"孔子答说："凡人优柔不断者，不足以从政。由也，勇于为义，是刚强果毅的人，使为大夫，必能决大疑，定大计，当断即断，有振作而无废弛矣！其于从政，何难之有。"

季康子又问说："如端木赐者，可使为大夫而从政也欤？"孔子答说："凡人执滞不通者，不足以从政，赐也闻一知二，是明敏通达的人，使为大夫，必能审事机，通物理，斟酌处置，有变通而无窒碍矣！其于从政，何难之有？"

季康子又问说："如冉求者，可使为大夫而从政也欤？"孔子答说："凡人才力空疏者，不足以从政，求也长于政事，是多才多艺的人，使为大夫，必能理繁治剧，区画周详，随事泛应，绰乎其有余裕矣！其于从政，何难之有？"

夫三子之才，各有所长而皆适于用如此。使季康子能劝鲁君尊信孔子，委任群贤，则何东周之治不可复哉！惜乎其不能用也。

【编者按】

人各具所长，用人之道在用其所长；人各有所短，用人之襟怀，在不因短弃长。短可补、可抑、可避，而长不可加之代之。

四十五、为官须走大路而不入小道

子游为武城宰。子曰："女得人焉尔乎？"曰："有澹台灭明者，行不由径，非公事，未尝至于偃之室也。"

——《论语·雍也第六》

【张居正直解】

〔子游〕是孔子弟子，姓言，名偃，字子游；〔武城〕是鲁国的邑名；〔宰〕是邑长；〔人〕指贤人；〔澹台〕是姓；〔灭明〕是名；〔径〕是小路；〔公事〕是官府中公举的事，如乡饮、乡射、读法之类。

昔者子游为武城宰。孔子问说："为政以人才为先。武城一邑之中，必有德行道谊可以表正风俗者。汝今为宰，亦曾得这样人与之相处否乎？"子游对说："有个澹台灭明者，乃武城之贤人也。其存心正直，制行端严，寻常行路，必由坦然之正途，而捷径之小路则不肯由。岁时谒见，必是为邑中的公事，而非公事，则未尝轻至于偃之室。夫行不由径，则动必以正，而无欲速见小之心可知。非公事不见邑宰，则有以自守而无枉己徇人之私可见。此灭明之所以为贤，而偃之所知者，唯斯人而已。"

夫子游以一邑宰，其取人犹若是，等而上之，宰相为天子择百僚，人主为天下择宰相，必以此类观焉，则刚方正大之士进，而奔竞谄谀之风息矣！

【编者按】

大路虽远而光明干净；小道近而常有陷阱而阴脏。所以开车的说：宁走十里弯，不走一里颠。世间处处有捷径可走，但未必便速达可通。

四十六、官场做人当学孟之反策马掩功

子曰："孟之反不伐，奔而殿。将入门，策其马，曰：'非敢后也，马不进也。'"

——《论语·雍也第六》

【张居正直解】

［孟之反］是鲁大夫；［伐］是矜夸；［奔］是败走；［殿］是居后；［策］是鞭。

孔子说："凡人但有功劳未有不矜夸自足者。我看鲁大夫孟之反，是个谦退不伐的人。大凡进军，则以当先者为勇；军退，则以殿后者为功。当时齐与鲁战，鲁师败绩。众人都往前奔走，孟之反独在后面堵截敌人，保全士卒，可谓有功矣！他却不以自为功，及将入国门之时，正众人瞩目之地，乃鞭策其所乘之马，向众人说：'我不是敢于拒敌，故意在后，只为马疲乏不能前进耳。'"盖归罪于马，正所以自掩其功，非有功而不伐者乎！此可以为贤大夫矣。大抵"不伐"二字最为美德，盖谦虚乃能受益，盈满必然招损。颜渊无伐善，无施劳，故孔子许之。大禹不矜不伐，故帝舜称之。读者所宜深玩也。

【编者按】

退却在后为大勇；论功不前为大智。不畏艰危者常自安，战场上多是逃跑者先死。而后其身而身先则是至理名言。过错自己说，功劳他人表，不是很好吗？贪天之功为己有者大耻。

四十七、浇薄之世以佞口美色悦人可叹

子曰："不有祝鮀之佞而有宋朝之美，难乎免于今之世矣。"

——《论语·雍也第六》

【张居正直解】

　　[祝鮀]是卫大夫；[佞]是有口才；[宋朝]是宋国的公子名朝；[美]是容色之美；[难免]是说不免为人所恶。

　　孔子说："方今世道不古，人情偷薄，不好直而好谀，不悦德而悦色。故必言词便佞如祝鮀，容色美好如宋朝，然后可以取人之悦。若不有祝鮀之佞口，宋朝之美色，则无以投时俗之好，人将厌而弃之，求免于今世之憎恶，亦难矣。"

　　夫巧言令色本尧舜之世所深恶者，而春秋之时，乃以为好，则习俗之浇漓可知，圣人所以伤叹之也。有世道之责者，可不谨其所好尚哉！

做人自须有尊严，但须知人人都有颜面之尊；人人都不喜他人拂逆，正为此，自己先要学会不拂逆他人。花说柳说胁肩谄笑自是可憎，面沉似水口出枪药者谁人喜欢？

四十八、出屋须由门，做人走正道

子曰："谁能出不由户？何莫由斯道也？"

——《论语·雍也第六》

【张居正直解】

〔户〕是门户；〔道〕是人伦事物日用之理，人所当共由者也；〔何莫〕是怪叹之辞。

孔子说："事必有道，譬如室必有户一般。人若能出不由户，则其行不由道可也。然天下之人，其谁有能出不由户者乎？何故乃不由此道也。"盖为人之道，各在当人之身，既非有所禁而不得由，又非有所难而不能由，则夫人独何为而不由乎？是诚可怪也已。圣人警人之意莫切于此，人能反而求之，道岂远乎哉！

【编者按】

门只有一个，而大道万千。官员要走共产党的门，做人要走正道才是。

四十九、知此道不如好此道，
好此道不如乐此道

子曰："知之者，不如好之者；好之者，不如乐之者。"

——《论语·雍也第六》

【张居正直解】

[知之]是知此道；[好之]是好此道；[乐之]是乐此道。

孔子说："人之造道，有浅深之不同，然必到那至极的去处，乃为有得。彼不知道者，固不足言，若能识其为当然不易之理，而不可以不求，是固胜于不知者矣！然这只是心里晓得，未能实用其力也，不如好之者，悦其义理而爱慕之深，玩其旨趣，而求为之力，然后可以进于道也。岂徒知者之可比乎？所以说知之者不如好之者。夫好固胜于知，然这才是用力进修，未能实有诸己也。不如乐之者融会于心，而充然自得，全体于身，而浩然自适，然后乃为学之成也。岂徒好者之可比乎！所以说好之者不如乐之者。"

夫是三者以地位言，则知不如好，好不如乐。以工夫言，则乐原于好，好原于知。盖非知则见道不明，非好则求道不切，非乐则体道不深。其节次亦有不可紊者。学者诚能逐渐用功，而又深造不已，则斯道之极，可驯至矣！此圣人勉人之意也。

【编者按】

孔子此语为至理名言，求学、求职、求绩最恒久的动力便是"乐此不疲"，虽万分辛劳不以为苦而能自得其乐，由此而必成欲罢不能之势，而何愁功之不成，业之不就？

四十九、敬鬼神而远之为智，
尽其力而后得为仁

　　樊迟问知。子曰："务民之义，敬鬼神而远之，可谓知矣。"问仁。曰："仁者先难而后获，可谓仁矣。"

——《论语·雍也第六》

【张居正直解】

　　［樊迟］是孔子弟子；［务］是专用其力的意思；［民义］是人所当为的道理；［难］是切己难尽的工夫；［获］字，解做得字。

　　樊迟问于孔子说："如何叫作'智'？"孔子答说："所谓智者，见理之明而已。盖人生日用，自有当为的道理。若鬼神之福善祸淫，虽与人事相为感通，然其事则幽昧而难知者也。不可知而谄事以求之，惑之甚矣。今惟用力于人道之所宜，凡伦理所当尽，职分所当为者，一一着实去做。至于鬼神，则惟敬以事之而已，却不去亵近，而谄渎祷祀以求福也。这是他心有定见，故祸福之说不足以动其念，幽远之事不足以眩其明，岂不可谓之智乎？"

樊迟又问："如何叫作'仁'？"孔子答说："所谓仁者，存心之公而已。盖为人之道，本是难尽，若为之而有所得，虽功效相因，理之自然，然不可有心以预期之也。有心以期之，则涉于私矣。今惟先其事之所难，凡身心之所切，性分之所关者，只管上紧去做。至于后来的效验，则惟俟其自至而已，却不去计较，而有意以期必之也。这是他心有定守，故能纯乎正谊明道之公，而绝无计功谋利之念，岂不可谓之仁乎。"

按夫子此言，虽是分言仁智，其实只是一理，盖媚神之念，即是望效之心。先难之功，即是务民之义，人能用力于人道之所难，而祸福得失，皆置之于不计，则仁智之道，兼体而不遗矣。此又学者之所当知。

【编者按】

仁智之道在人不在天，凡事只需力尽人事，不计其他，必有所成；有所不成亦无所憾。

五十、不除旧无以布新，
不革弊无以兴利

子曰："齐一变，至于鲁；鲁一变，至于道。"

——《论语·雍也第六》

【张居正直解】

〔齐、鲁〕是二国名；〔变〕是变易而作新之；〔道〕是先王文武之治道。

孔子说："我周初有天下，封太公于齐，封周公于鲁。二国皆被圣人之治，其政教风俗固纯然文武之盛也。至于今日，则齐、鲁皆与旧时不同，然齐经桓公霸政之后，其习俗相传，遂急功利，喜夸诈，而太公之治已荡然无存。鲁则无所变更，至今犹知重礼教，崇信义，而周公之遗风尚在，但人亡政息，不能无废坠耳。若齐之君臣，能变其政而作新之，则仅可如今日之鲁，盖功利既革，方可望于礼教，夸诈既去，方可望于信义，而文武之盛，固难以遽复也。若鲁之君臣能变其政而作新之，则便可至于先王之道。盖礼教信义莫非先王之旧，但修举其废坠则纪纲制度焕然维新，而文武之盛可复见于今日矣！所以说齐一变至于鲁，鲁一变至于道耶！"

此可见夫子经纶的次第，使二国能用之，则虽至道有难易，而一变再变之余，治功无不成者，惜乎其不能也。

【编者按】

孔子大谬不然，帝王之家的代代退化是打不破的铁律。山叫驴一旦变成蚂蚱怎么能再变回蝈蝈？天下唯帝室一族绝无进化之路之可能，否则何以兴替，何来兴亡？

五十一、自己要站得住也得给
他人留有立足之处

子贡曰："如有博施于民而能济众，何如？可谓仁乎？"子曰："何事于仁，必先圣乎！尧舜其犹病诸！夫仁者，己欲立而立人，己欲达而达人。能近取譬，可谓仁之方也已。"

——《论语·雍也第六》

【张居正直解】

〔博〕是广施，是施恩于人；〔济众〕是济度众人，使各得其所；〔何事〕是说不止如此；〔病〕是心里不足的意思。

子贡未得为仁之方，而徒志于高远，乃问于孔子说："吾闻无所不爱之谓仁。如有人焉，广施恩惠于天下之民，能使万民之众，各得其所，而无有不济，这等为人，夫子以为何如，亦可以谓之仁矣乎？"孔子答说："仁者之心无穷，而分量亦有限。如必博施而济众则岂止于仁而已。必是圣人全体仁道而造其极者，然后能之乎。然圣如尧、舜可谓至矣！而尧、舜之治天下，犹有下民其咨之叹，黎民阻饥之忧，其心歉然常若有所不足也，况他人乎！夫圣人且以为难，而子以是求仁，失之远矣！"

[立]是成立；[达]是通达。孔子告子贡说："汝以博施济众为仁。只为未识仁体故耳。夫所谓仁者，只是纯乎天理之公，而无私欲之间，看得天下的人，就如自己一般，疾痛疴痒，都有相关的意思。如自己要成立，便不忍他人之颠危，必思以扶持调护，使之同归于成立而后已。自己要通达，便不忍他人之穷困，必思以开导引掖，使之同归于通达而后已。"这等立心就是天下一家，万物一体的气象，虽不必遍物而爱之，而本体已具，则功用在其中矣。此乃所以为仁，而非博施济众之谓也。

[譬]字，解作"喻"字，是比方较量的意思；[方]是术。承上文说："仁之本体，只是一个公心，则为仁者，亦不必求之于远矣！若能近取诸身，将自己的心，比方他人的心。如自己欲立便知人之欲立与我一般，即推之以立人；自己欲达便知人之欲达与我一般，即推之以达人。这就是为仁的方法，所谓纯乎天理之公，而无私欲之间者，不过如此。岂复有他术哉！"

盖子贡之说，是在功用上求仁，故其效愈难而愈远。孔子之论，只在心体上求仁，故其术至简而至易。况能知为仁之方，则虽尧、舜之所以为圣，亦不外此。盖尧舜之圣岂能遍物而爱之，只是其心常在安民而已。人君若能以安民为心，而推之以治天下，则仁圣之事，一以贯之，而何尧舜之不可及哉！

【编者按】

下跳棋如果专去堵别人的路，让对手无路可走，那么自己也注定无法通达；站在泥坑前，你把人家推下水，人家一定会把你拖入泥中；种田的想让别人的庄稼都早死，若希望天天下雨，那他自己的庄稼也活不成。所以，黑格尔说：自己活也要让人活。而凡有活人之心者，自有后福无算，反之亦然。

五十二、用行舍藏；临事而惧、好谋而成

子谓颜渊曰："用之则行，舍之则藏，唯我与尔有是夫！"子路曰："子行三军，则谁与？"子曰："暴虎冯河，死而无悔者，吾不与也。必也临事而惧，好谋而成者也。"

——《论语·述而第七》

【张居正直解】

[行]是出而行道；[舍]是不用；[藏]是隐而不出。

昔颜子深潜纯粹，学已几于圣人。故孔子称许他说："吾人出处进退，只看时之所遇何如。或以仕为通，而至于枉己徇人，固不可；或以隐为高，而务于绝人逃世，亦不可。惟是人能用我，时可以有为，则出而行道，以图济世之功；人舍我而不用，时不可以有为，则隐而不出，以全高尚之志。或出或

108

处，无一毫意必于其间，这才是随时处中的道理。此惟我与尔为能有之，在他人则不敢以轻许也。"

盖孔子为时中之圣，自然合乎仕止久速之宜。颜子具圣人之体，能不失乎出处进退之正。观孔子有东周之志，而疏食饮水，乐在其中。颜子有为邦之问，而箪瓢陋巷，不改其乐，盖可见矣。然以大圣大贤，而皆不过于春秋之世，则岂非世道之不幸哉！

一万二千五百人叫作一军，大国则有〔三军〕；〔暴虎〕是不用兵器而徒手搏虎；〔冯河〕是不用舟楫而徒步涉河。

子路见孔子独美颜子，乃就问说："用舍行藏，夫子固与颜回共之矣。设使夫子统领三军，而行战伐之事，则将与谁共事乎？"盖自负其勇，意夫子行军必与己同也。孔子答说："君子之所贵者，在乎义理之勇，而不在乎血气之刚。若是徒手搏虎，徒步涉河，甘心必死而无怨悔，这是轻举妄动，有勇无谋的人。使之用兵，必然取败，吾不与之行三军也。必是平昔为人不敢轻忽以误事，亦不敢苟且以成事，但事到面前常有兢兢业业，凛然危惧的意思。又好用计谋，预先斟酌停当，然后果决以成之，这才是持重详审，智勇兼备的人。使之用兵，必能全胜，吾方与之行三军耳！亦何取于徒勇哉？"子路好勇而无所取材，故孔子以是抑而教之。其实行军之道，亦不外此。故赵括好谈兵而致长平之败，充国善持重而收金城之功。任将者当知所择矣。

【编者按】

用之则行，舍之则藏，官场顺其时势自然者；暴虎冯河死而无悔，一勇之夫可怜而不可用者；临事而惧，好谋而成，大智慧可用而难遇难求者。

五十三、不可以执鞭之贱而求富贵

子曰："富而可求也，虽执鞭之士，吾亦为之。如不可求，从吾所好。"

——《论语·述而第七》

【张居正直解】

这是孔子设词以警人的说话。〔执鞭〕是贱者之事。

孔子说："人之所以役役焉以求富者，意以富为可求也。若使富而可以人力求之，则虽执鞭之事，吾亦为之。盖执鞭虽贱者之役，而苟足以致富，则亦无不可为者。但人之富贵贫贱，莫不有命存焉，决非人力所能强求者。如其不可强求，则在我自有义理可好。吾惟从吾所好，而安于命耳，何必终日营营，为是无益之求，以徒取辱哉？"

夫孔子之圣，非真屑为执鞭之士也，特见当世之人，多自决其礼义之防，而甘心于苟贱之羞，故甚言以警人之妄求耳！

所以他日又曰："不义而富且贵，于我如浮云。"观此，则自修者固不当愿乎其外，而取人者尤必先观其所守可也。

【编者按】

生死有命，而富贵不在天。富贵可求而不可以贱求，贱者虽富贵仍为贱。位高而人非之，得大而人鄙之，安能不贱？

五十四、待人取进退，取善不取恶；
来者不拒，往者不追

互乡难于言，童子见，门人惑。子曰："与其进也，不与其退也，唯何甚? 人洁己以进，与其洁也，不保其往也。"

——《论语·述而第七》

【张居正直解】

［互乡］是地名。

昔孔子时，有地名互乡者，其人都习于不善，难于言善。那时有道之君子皆恶而绝之。一日有个童子，慕孔子而求见，孔子许其进见，不加拒绝。门人都疑惑说道："君子持身贵正，疾恶贵严。今互乡童子乃不善之人，夫子何为见之？"此所以疑而未解也。

［与］字，解作"取"字；［洁］是舍旧从新的意思；［往］是前日。

孔子因门人之惑而晓之说道："君子之处己固当谨严，至于待人也要宽恕。今互乡虽不善之俗，而童子之求见，是乃向善之心，我今特取其进而求见耳，非取其退而为不善也。若因其习俗而峻拒之，则太甚矣。我何为而绝人于已甚乎？盖几天下之人，不患其旧习之污染，而患其终身之迷惑。若能幡然悔悟，舍旧从新，而洁己以求进，这就是改过迁善可与入道的人，但取其能自洁耳，不能保其前日所为之善恶也。盖来者不拒，往者不追，君子待人之道，固当如此。今互乡童子正洁己以进者，我又何为而拒之？二三子亦可以无疑矣。"当时，教化陵夷，风俗颓败，孔子欲化导天下之人，以挽回天下之风俗，故其不轻绝人，不为已甚如此！惜乎有志未遂，非惟时君莫能用，而门人亦莫能尽知也。

【编者按】

教化之道，莫此为善。今日之社会也难以做到，做人千万慎于污点，现代人记污不记洁，扬恶不扬善是通病。

五十五、奢者必亡国败家，
##　　　过俭则有失鄙啬小气

子曰："奢则不孙，俭则固。与其不孙也，宁固。"

——《论语·述而第七》

【张居正直解】

[奢]是奢侈；[孙]字与逊顺的"逊"字同；[不孙]是僭越不循理的意思；[俭]是省约；[固]是鄙陋。

孔子说："先王制礼自有个中道，不可加损。若专尚侈靡而过乎中者，谓之奢。奢则意志骄盈，纵肆无节。虽理之所不当为者，亦将僭越而为之，其弊至于不孙。若专务省约，而不及乎中者，谓之俭。俭则悭吝鄙啬，规模狭小，虽理之所当为者，亦将惜费而不为。其弊必至于固。这不孙与固，皆不免于失中。但就这两样较来，则与其为不孙也，宁可为固。"

盖奢而不孙，则越礼犯分，将至于乱国家之纪纲，坏天下之风俗，为害甚大。若俭而固，则不过鄙陋朴野而已。原其意犹有尚质之风，究其弊亦无僭越之罪，不犹愈于不孙者乎？盖周末文胜，孔子欲救时之弊，故其言如此！然俭，乃德之共，奢，乃恶之大，二者之相去岂特过与不及之间而已哉？帝尧茅茨土阶，大禹恶衣菲食而万世称圣，汉之文帝，宋之仁宗皆以恭俭化民，号为贤主。至如骄奢纵欲，横征暴敛，以败坏国家者，往往有之。然则去奢崇俭乃帝王为治之先务，有国家者所当深念也。

【编者按】

古今之人皆言历览古今多少事，成由节俭败由奢。而古往今来何见骄、奢者禁绝？所以世之成败皆由人自取。人云"水深仅此，鱼龙何不自取其便？"道理亦如水，也是各有所取之事。那么是不是节俭就好呢？太精细了就给人以鄙陋小气的感觉，人格上似有问题，显得丑陋而让人看不起。

五十六、泰伯三让天下为至德，
而庄子非之

子曰："泰伯，其可谓至德也已矣。三以天下让，民无得而称焉。"

——《论语·泰伯第八》

【张居正直解】

［泰伯］是周太王之子。

昔周太王古公生三子。长子即泰伯，次子是仲雍，少子是季历。季历生子昌，乃文王也。太王因见昌有盛德，欲传位季历以及昌。泰伯知之，遂与其弟仲雍，托名采药，逃去于荆、蛮地方，断发文身，自毁其形，从夷之俗以示不可用。于是太王乃立季历，传国至文、武而有天下焉。

［三让］是固让。孔子追原周家王业之所由起，因见泰伯之事历世久远，几于泯灭，故特表而出之说道："人但知我周

太王肇基王迹，王季勤劳王家，至于文、武，遂成王业，都是周家贤圣之君。不知太王之长子泰伯者，其德可谓极至而无以复加也已矣。何以言之？周家王业之兴，实始于太王，而泰伯嫡长当立，则后来的天下乃泰伯之所宜有者也。泰伯因见太王意在贤子圣孙，即与仲雍逃去不返。因此，王季、文王承其统绪，遂开八百年之周。是名虽让国，实以天下固让其弟侄而不居也。然却托为采药，毁体自废，其让隐微泯然，无迹可见，故人莫得以窥其心事而称颂之焉。夫以天下让，其让大矣。三以天下让，其让诚矣。而又隐晦其迹，使民无得而称，是能曲全于父子兄弟之间，而绝无一毫为名之累，其德岂非至极而不可加者乎？"

然要之太王之欲立贤子圣孙，为其道足以济天下，非有爱憎利欲之私也，是以泰伯去之不为狷，王季受之不为贪。亲终不赴，毁伤肢体不为不孝。盖处君臣父子之变，而不失乎中庸，此所以为至德也。夫子叹息而赞美之，宜哉。

【编者按】

为仁而让是大德，当仁不让也是大德。名利可让，艰危不可让。二者都是见人之真本性处。吴泰伯三让天下与其弟，孔子以为至德，而庄子则力非之，认为他毫无责任感，弃国弃家出走是不可取者。庄子之论也不是一点道理没有。

118

五十七、美德也要恰到好处把握分寸

子曰："恭而无礼则劳，慎而无礼则葸，勇而无礼则乱，直而无礼则绞。君子笃于亲，则民兴于仁；故旧不遗，则民不偷。"

——《论语·泰伯第八》

【张居正直解】

［礼］是节文；［劳］是烦劳；［葸］是畏惧的模样；［乱］是悖乱；［直］是径直；［绞］是急切的意思。

孔子说："人之立身行事，必合乎天理之节文，而后可以无太过不及之弊。如待人固以恭敬为贵，然亦有中正之准则，若恭敬而无礼以为限制，则仪节烦多，奉承过当而不免于劳矣。处事固以谨慎为贵，然亦有事理之当然，若谨慎而无礼以为裁度，则逡逡畏缩，小心太过，而不免于葸矣。勇敢而不可屈挠，固是美德，然不能以礼自守，则不顾名分，而逞其血气之刚，必将至于悖乱矣。径直而无所私曲，固是善行，然不能以礼自防，则任情喜怒，而略无含容之意，必将至于急切矣。"夫恭、慎、勇、直，四者皆人之所难，而无礼则各有其弊如此！可见君子当动必以礼，而不可须臾离也。

〔君子〕是在上位的人；〔笃〕是厚，〔兴〕是起；〔故旧〕是平日相与或有功劳的旧人；〔遗〕是弃；〔偷〕字解作"薄"字。

孔子说："在上位的君子，凡有举动，百姓每都瞻仰而仿效之，不可不慎也。若能孝顺父母，友爱兄弟，和睦宗族，笃厚于一家之亲，则自己能尽乎仁矣。将见百姓每都感发兴起，而各亲其亲，自然伦理正而恩义笃，岂不兴于仁矣乎？若能信用老成，尊礼耆旧，凡平时相与的旧人，皆不以其迹之疏远，年之衰迈而遗弃之，则自己能处于厚矣。将见百姓每都欢欣联属，而各厚于故旧，自然教化行而风俗美，又岂有偷薄者乎？"夫一处亲故之间，而上行下效，其应如响如此！为人君者可不正心修身，以为化导斯民之本哉！

【编者按】

好事、好心、好话若过了头，也有副作用。帮忙不合适便会帮倒忙。所谓好人难做、好心没好报，多由此因。任何事都要想到效果。千万别只从良好的主观愿望出发。

五十八、勇不安贫与不仁为恶者是动乱之源

子曰："好勇疾贫，乱也。人而不仁，疾之已甚，乱也。"

——《论语·泰伯第八》

【张居正直解】

［勇］是勇敢；两个［疾］字都是疾恶的意思；［乱］是悖乱；［已甚］是过甚。

孔子说："柔懦之人，虽恶贫无能为也；安贫之人虽好勇，固无害人。惟是那好勇尚气的人，身处穷困，乃疾恶其贫，而不肯安分守己，则必以血气之强而济其苟得之念，虽为盗贼从悖逆皆不顾矣，岂不至于为乱乎？至若不仁的人，本心已失，如其恶未著，尚可容恕，则化之以善可也。若其罪当诛，而吾又得以诛之，则遂诛之可也。不然而徒疾恶过甚，使

之无所容其身，则事穷势迫，必将求泄其忿恨，而逞凶肆暴，无所不至矣，岂不足以致乱乎？"

夫好勇疾贫者，是身自为乱，固为天下之首恶，至于恶不仁者，本为正理，特以处之不善，乃亦足以致乱，而徒为祸阶。则君子之待小人，岂可以轻发而不审处哉！

【编者按】

穷，还得老老实实的。天下竟有这种道理，且出于圣人之口。人穷的时候似乎有两种选择：一是安贫乐道，一是离经叛道。其实这两"道"都不可走，前者不过是无能者与懒惰者的遮羞布，后者则为不归之路。经可离，人的生活本不在"经"中；但"道"不可叛，人总要走人应该走的正道。

五十九、不知舍己从人者，才美周公也无用

子曰："如有周公之才之美，使骄且吝，其余不足观也矣！"

——《论语·泰伯第八》

【张居正直解】

〔骄〕是以人皆不能，而夸己独能的意思；〔吝〕是但欲己有是能，而不欲人之皆能的意思。

孔子说："人之处世，固贵于有才，而不可自恃其才。自古言才能技艺之美者，莫如周公。如或真有周公之才之美，固是难及，然须持之以谦虚可也。设使以己有是才也，而泰然自骄，谓人皆不如己，又忌人有是才也，而执吝自私，不欲善于人同，则无其德而大本失矣，其余才艺之美，亦何足观哉？"夫有周公之才之美，而一涉骄吝，尚不足观，况无周公之才而

骄吝者乎？人当常加自省而存抑畏之心可也。故圣如帝舜，而舍己从人，功如大禹，而不自满假。诚知谦虚之受益，而骄吝之丧德也。然则孔子之言，岂徒在下位者所当知哉？

【编者按】

有才之人多恃才，且又忌才，那么这种性情支配下的"才"则是害己之端。是以古人有言：才胜德者必亡，大概就是此意吧！

六十、不为官禄而学者难得

子曰："三年学，不至于谷，不易得也。"

——《论语·泰伯第八》

【张居正直解】

［至］字当作心志的"志"字；［谷］是俸禄。

孔子说："古人之学将以明善诚身，求尽其为人之理而已。然学既成矣，则君必见用、而养之以禄。此乃理之自然，而其本心则不为此也。后世人心不古，见学之可以得禄，乃遂有为干禄而后学者。亦有学问之功始加，而利禄之念随之者。此不惟失学之本意，而心逐于利，其学亦无所得，乃天下之通患也。若有人焉，专精为学至于三年之久，而其心不志于谷禄，则是谋道而不谋食，为己而不为人，志高识大，超出乎时俗之表者也，这等的人岂易得哉？"所以人君用人，于那有实学的必录用而尊显之，使得以展尽底蕴。若夫假学以沽名干进者，则摈抑而不用。庶乎贪位慕禄之徒，不至于滥窃名器，而无补于国家也。

【编者按】

其实，志于学为当官是不错的。错在有些人把官位——这个为大众服务的岗位学成了捞取私利的场所。孔孟的所有学说都被当成了"盗墓"、"盗民"、"盗国"、"盗名利"的工具。人性的卑鄙可知。

六十一、治世出而行善，乱世隐而学节

子曰："笃信好学，守死善道。危邦不入，乱邦不居。天下有道则见，无道则隐。邦有道，贫且贱焉，耻也；邦无道，富且贵焉，耻也。"

——《论语·泰伯第八》

【张居正直解】

［笃］是深厚牢固的意思。

孔子说："君子之修身处世，必须学问、操守，兼造其极，乃为尽善，甚不可苟也。若有人焉，于道理的确有见，则信之极其诚笃，虽议论纷纭，一毫都动移他不得，其志向之专如此，而又能孜孜务学，格物穷理，以求其是非之真，而尽其精微之奥，则讲究明而辨别审，所信者一出于正矣。遇事心里主定在此，则守之极其坚固，虽死生利害，一切都摇夺他不得，其执持之呆如此，而又能事必由理，行必合义。初未尝劝匹夫之小信，而乖中庸之大道，则关天常而扶人纪，所守者允得其当矣。夫笃信好学是有学也，守死善道是有守也。为君子而有学有守，则知之必明，行之必勇，出处去就，焉往而不善哉？故其遇危邦也，则避之而不入；其在乱邦也，则去之而不居。当天下之有道也，则显身而仕，天下无道也，则退藏而隐。"

此其去就之义洁，出处之分明，非有学有守者，何足以与此？然这样人，不但可以善一己之行藏而已，使人君得而用之，则有大涵养，自有大设施。平时必能尊主庇民，建功立业，有事必能砥砺名节，匡扶世运，所补殆非浅浅矣！学问、操守之系于人也，大矣哉！

［耻］是愧耻。孔子说："士之处世，既贵有可用之才，又贵有能守之节。若乃邦国有道，有明君以出治于上，有贤臣以辅治于下，贤者必使之在位，能者必使之在职，正君子向用之时也。当此时而乃为世所弃，困处于贫贱之中，则其无善可称，无才可录可知矣。岂不可愧耻乎？至若邦国无道，上无明君，下无贤臣，非贿赂不可得官，非谄佞不能固宠，正小人向用之时也。当此时而乃与世相合，致身于富贵之地，则其贪位慕禄，卑污苟贱可知矣，岂不可愧耻乎？"盖惟其不能笃信好学，守死善道，故世治而无可行之道，世乱而无能守之节，乃碌碌庸人而已，何足取哉？士之不可以无养也如是夫！

【编者按】

治世无所作为而贫贱，是一种耻辱；乱世不隐退而富贵，更是一种耻辱。

六十二、居官当尽职而不可越位

子曰：“不在其位，不谋其政。”

——《论语·泰伯第八》

【张居正直解】

〔谋〕是图议；〔政〕是政事。

孔子说：“凡人有是职位，则有是责任，则有是谋为，如任公卿大夫之职，则当谋公卿大夫之政。若不在其位，则其政事本与我无与者，而乃商度其可否之宜，条陈其利害之故，是为思出其位，犯非其分矣，奚可乎？故凡不在其位，则当介然自守，虽知识见得到，才力干得来，亦不可图谋其政事。”

盖所以安本然之分，而远侵越之嫌，人之自处当如是也。然士人之学期于用世，则匹夫而怀天下之忧，穷居而抱当世之虑，亦有所不容已者。要之，潜心讲究，则为豫养，非分干涉，则为出位。豫养者待用于不穷，出位者轻冒以取咎，此又不可不辨也。

【编者按】

　　官位如天星，各有分野，职所各有所司。思不可出位、谋不可离位、行不可越位、守不可失位，便足称好官。自己的事没做好，老是瞎操心，有野心、非分之行，则多为获咎招怨之道。

六十三、舜禹虽有天下，
却无私如同与己不相干

子曰："巍巍乎，舜、禹之有天下也，而不与焉。"

——《论语·泰伯第八》

【张居正直解】

〔巍巍〕是高大的模样；〔不与〕是不相关的意思。

孔子说："圣人之识见度量迥与常人不同。常人之情，即有一命一爵之荣，未免自视侈然，志得意满，何其卑小也？若乃巍巍乎识量高大而不可及者，其惟舜、禹乎？盖舜、禹二圣人，本以匹夫之微，一旦有天下为天子，其崇高富贵可谓极矣，乃舜、禹则视之漠然，不以为乐，全似与己不相干涉的一般。此其心直超乎万物之上，而众人以为可欲而不可得者，举无一足以动其中，其胸襟气象视寻常真不啻万倍矣，是何其巍巍矣乎？"

盖舜、禹之心只知天位之难居，虑四海之不治，日惟兢业万机，忧劳百姓而已。若夫有天下之可乐，奚暇计哉？此万世颂圣明者，必归之也。后世人君，诚能以其不与天下之心，而尽其忧勤天下之实，则二圣人之巍巍不难及矣！

【编者按】

居官位之人若不以职位为乐，只以职事为重为高，自会成其位重身高。此乃定律。以位求位者，不但位卑身小，求得其位也不可久长。这也是定律。官场自有官道而不可违。

六十四、唯尧能够效法天的高远广大

子曰："大哉，尧之为君也！巍巍乎！唯天为大，唯尧则之。荡荡乎，民无能名焉。巍巍乎，其有成功也；焕乎其有文章！"

——《论语·泰伯第八》

【张居正直解】

［则］字解作"准"字；［荡荡］是广远之称；［名］是名状；［成功］指勋业说；［焕］是光明；［文章］是礼乐法度之类。

孔子说："自古帝王多矣，然莫有过于尧者。大矣哉，尧之为君乎，何以见其大？盖巍巍乎极其高大而无不覆冒者，惟天而已。谁能并之？独有帝尧之德高不可及，大而无外，能与之准，其包涵遍覆，就与天一般，故其德之广远，荡荡无涯，而形迹俱泯。当时之民一皆涵咏盛德而不识其功，鼓舞神化而莫测其妙，无有能指而名之者。其与天之不可以言语形容，又何异哉？惟其不可名，此所以为天也。然亦岂无可见者乎？就其治功之成就处观之，则黎民吾见其时雍，万邦吾见其协和。巍巍乎功业之隆盛，有莫可得而尚者焉，又就其治功之有文采处观之，以礼乐则极其明备，以法度则极其修明，焕乎文章之光显有不可得而掩者焉，尧之所可见者如此！若其德之不显者，则终不可名也。大哉尧之为君，非冠古今而独盛者乎？"

【编者按】

赞述唐尧之功德者，今所见未有过于孔子者。而尧之伟大处，自孔子至今又知道多少呢？但尧只是创建原始民主共和，不搞世袭制，不搞家天下，不以一人害天下，不以天下利一人的政治襟怀，就足称伟大了。

六十五、善用人者成其大，
　　　能以大敬小者王天下

舜有臣五人而天下治。武王曰："予有乱臣十人。"孔子曰："才难，不其然乎？唐虞之际，于斯为盛。有妇人焉，九人而已。三分天下有其二，以服事殷。周之德，其可谓至德也已矣！"

——《论语·泰伯第八》

【张居正直解】

　　[乱]字解作"治"字；[际]是交会之时；[妇人]指武王之妃邑姜。

　　昔门人将述孔子评论人才之言，先记说：自昔君天下者治莫胜于虞舜。其时有圣哲之臣五人，如禹平水土，稷播百谷，契敷五教，皋陶明刑，益掌山泽。凡虞舜所欲为的，五人都代为之，故能使四方风动从欲以治焉。是虞舜得人之盛如此！继夏、商而王者，治莫胜于周武王。武王尝自言曰：予有致治之臣十人。在外有周公旦、召公奭、太公望、毕公、荣公、太颠、闳夭、散宜生、南宫适为之辅理，在内有贤妃邑姜为之赞助，故能使四海永清，垂拱而治焉，是有周得人之盛如此！

孔子有感而叹之说道："吾闻古语说，人才之生，最为难得，以今观之，岂不信然矣乎？盖自古圣圣相承，如唐虞交会之际，其时气运方隆，人才辈出，固极盛而无以加矣，自此以后，则惟我周为盛焉。唐虞固有五人，以赞成风动之功。我周亦有十人，以夹辅永清之烈，是我周真与唐虞比隆，而非夏商之所能及也。然数止十人，已为少矣，而中间有妇人焉，其实奔走御侮之臣，不过九人而已。以我周之盛而贤臣止于九人，岂不为难得哉？"然则，才难之一言，信乎其不诬矣。大抵得人固难，而知人与用人尤难，虞舜、武王惟其知之明而用之当，故能成天下之治如此。若知有未真，则取舍犹有所眩惑，用之未尽，则底蕴无由以展布，何以收得人之效乎？故知人善任，尤人君治天下之本，不可不慎也。

［服事］是臣服敬事。孔子说："人臣事君，固有一定之分，然使国家全盛，君德休明而为之臣者，能敬顺守职乃是常事，不足称也。惟殷纣暴虐无道，国祚日益衰微，文王发政施仁，人心日益归向，以天下大势计之，三分之内，二分都归于文王，盖有天下之大半矣。当是时以仁伐暴，以周代殷，特一反掌之间耳，乃文王则坚守臣节，以服事殷纣，初不以盛衰强

弱二其心。则是时可为而不为，势可取而不取，非盛德之极，能如是乎？然则我周文王之德，其可谓至极而无以加者矣。”

夫孔子之称至德者二，于泰伯则以其让天下，于文王则以其服事殷，皆所以明君臣之义，立万世之防，而惧乱臣贼子之心也，读者宜致思焉。

【编者按】

凡事业须由人做，难在人才用得其所。所以，为官者为上者贵在知人善任，便用得其人。而周文王拥有了天下的三分之二，还敬事殷商，足见其襟怀之广大，唯此方有周代八百年天下之久长。

六十六、大禹王政俭勤无可挑剔

子曰："禹，吾无间然矣。菲饮食，而致孝乎鬼神；恶衣服，而致美乎黻冕；卑宫室，而尽力乎沟洫。禹，吾无间然矣。"

——《论语·泰伯第八》

【张居正直解】

［间］是有罅隙可非议处；［菲］是薄；［鬼神］是天神、地祇、人鬼；［恶］字解作"粗"字；［沟洫］是田间水道，旱时蓄水，涝时泄水，以便百姓耕种。

孔子说："帝王之治天下，事无大小，莫不各有至当不易的道理。少有未合，人即得指其罅隙而议之。我观大禹所行的事，件件合宜，无一些罅隙可以非议。如饮食，所以养生。禹之时，九州作贡，王食非不足也，乃却珍馐而进粗粝，其自用之淡薄如此！至于奉祀郊庙鬼神，则牺牲粢盛，务极丰洁，又致其诚孝而无敢简焉。衣服所以蔽体，禹之时，玉帛万国，文绣非不足也，乃舍华绮而衣粗恶，其被服之朴素如此！至于临朝承祭所尚的黻冕，则服物采章务求尽制，又极其华美而无所吝惜焉。宫室所以居身，禹之时四海为家，非不可备壮丽之观也，乃安卑隘而戒峻宇，其自处之简陋如此。至于百姓每备水旱的沟洫，则又胼手胝足以经理之，而竭尽其力，不以为劳焉。夫礼，有所当丰，事有所宜俭。当丰而俭则过于陋，当俭而丰则失之奢。皆未免于可议也。今观大禹，他自己身上一些不肯享用，至于事神勤民，却又这等周悉。丰所当丰，而不可谓之奢；俭所当俭，而不可谓之陋。虽欲议之，曾何罅隙之可窥哉？"所以又说："禹，吾无间然矣。"盖深赞其美，以示万世为君之法也。

然孔子之称赞大禹，固以其丰俭适宜，其实还重在俭德上。盖人之常情，奉身之念每厚于事神为民。而人君富有四海，其势又得以自遂其欲。故致孝鬼神可能也，菲饮食不可能也；致美黻冕可能也，恶衣服不可能也；尽力沟洫可能也，卑宫室不可能也。书称禹克勤于邦，克俭于家，盖必俭而后能勤。若一有奉身之念，则虽以天下奉一人而犹恐不足，又焉能勤民而致力于神哉？欲法大禹者，尤当师其俭德可也。

【编者按】

能为人之所不能，可称为出类；能超过人所能者称拔萃。大禹能称其大，而又加之王，因其出乎其类、拔乎其萃吧！这不只是王道、君道，也自是官道。凡居官者都当引为明镜。以民为重者民重之，以民为先者世先之。

六十七、有德之人走到哪里都是有德之地

子欲居九夷。或曰："陋，如之何？"子曰："君子居之，何陋之有？"

——《论语·子罕第九》

【张居正直解】

[九夷]是东方九种夷人；[陋]是鄙陋。

昔孔子周流四方，本欲行道于天下。然当时上无贤君，不能信用，孔子知其道终不行，乃欲远去中国，而居九夷之地。是虽伤时愤世，有所激而云然。然孔子大圣，自能用夏以变夷，则虽夷狄，亦无不可居者。或人不知，乃问孔子说："九夷之地言语不通，嗜欲不同，其俗鄙陋，如之何其可居也？"

孔子答说："天下无不可变之俗，亦无不可化之人。九夷虽是鄙陋，若使有道德的君子居于其间，则必有诗、书、礼、

乐以养其身心，有冠裳文物以新其耳目，自将化鄙陋而为文雅，与中国一般，又何陋之有哉？"此可见圣人道大德宏，存神过化，如帝舜耕于历山，而田者让畔，泰伯端委以化荆蛮，感应之妙，有不约而同者。使孔子得邦家而治之，则绥来动和之化，其功效岂小补哉？惜乎春秋之不能用也。

【编者按】

　　教化之功未必都会大于同化之力，否则天下早已大同境界。人有多大改变环境、习俗的能力呢？孔孟之道若不借助于政治的力量，恐怕早已泯灭无闻了。

六十八、孔子叹天地永续无穷如流水

子在川上曰："逝者如斯夫！不舍昼夜。"

——《论语·子罕第九》

【张居正直解】

［川］是水之流处；［逝］字解作"往"字；［不舍］是不息，天地之间，气化流行，亘古今、彻日夜，而无一息之停，乃道体之本然也。但其机隐微难识，惟是水之流动最为易见。故孔子偶在川上有感而发叹说："吾观此水，往者既过，来者复续，混混涛涛，曾无止息。盖天地之化推迁往来，相续而无穷有如是夫。昼固如是，夜亦如是，未尝有顷刻之暂停也。"

夫天地之间无物非道，即水流之不息，可以验化机之不滞。即化机之不滞，可以知道体之常存，观物者于此而察之，则自强不息以尽道体之功者，不可有须臾之或间矣！

【编者按】

以往时光如河水一样日夜不息地从身边流过，一去不回。所以，人不可能两次进入同一条河流。面对时间，人所能做的只有"珍惜"二字。尽管浮士德说：你太美了，请停一下。但那是不可能的。

六十九、没见过有"好德如好色"的人

子曰："吾未见好德如好色者也。"

——《论语·子罕第九》

【张居正直解】

孔子叹息说道："常人之情但见有美色，则未有不知好者。至若天所赋予的正理叫作德，德乃人之所本有，亦人之所当好也。然今天下之人，或气禀昏愚，不见其为美而莫之好，或物欲牵引，知其为美而不能好，或自己修德虽尝用力，而无勇往精进之功，或见人有德，虽尝羡慕而无尊贤敬士之实，吾未见有好德如好色之真诚者也。"

人若能以好色之心好德，则如《大学》所谓自慊而无自欺。推之以正心、修身、齐家、治国、平天下又何难哉？孔子此言，其勉人之意深矣。

【编者按】

好德必自苦其行；好色者自乐其身。而人性本自趋利避害、趋乐避苦，是以孔子少见多怪于此了。人虽不好德，而德不可缺；人皆好色，而色不可多、不可乱，也不可缺，否则人类何以为继？"食色性也"孔子所言。而古今以色亡国，身败名裂者，尤以仕途之上为烈。前车之覆，不可不鉴。权、钱、色之滥，为古今官场之三大害。

七十、成败都只差那么一点点

子曰："譬如为山，未成一篑，止，吾止也。譬如平地，虽覆一篑，进，吾往也。"

——《论语·子罕第九》

【张居正直解】

〔篑〕是盛土的筐；〔覆〕是加。

孔子说："人之为学不日进，则日退。然其进止之机皆系于己，非由于人。以言其止也，不但方进而遽已者才为无成，便是平日已用了九分的工夫，乃一旦止而不为也，就把前面的功夫都废弃了。譬如筑土为山，已是垒得高了，所少者仅一筐之土耳，于此成山岂不甚易，他却忽然中止，不肯加工，则向者所筑皆置之无用而山终不可成矣。然其止也，岂是有人阻挡他来？只是自家心生懈怠，自弃其垂成之功耳，学者可不以是为戒哉？其进也，不但垂成而不已者，才为有益。便是平日未曾下一些工夫，一旦奋发起来，则将来为圣为贤，也限量他不得。譬如在平地上要筑一座高山，所加者才一筐之土耳，指望成山岂不甚难。他却锐然奋进，不肯暂停，则日积月累，功深力到，山亦有时而成矣。然其进也，岂是有人撺掇他来？只是自家勇往向上，不肯安于卑近耳，学者可不以是加勉哉？"

大抵人之为学，莫先于立志，所谓止吾止者，其志隳也。志一隳，则何功不废？进吾往者，其志笃也，志一笃，则何功不成？故汤圣人也，而仲虺犹以立志自满为戒；高宗令主也，而傅说犹以逊志时敏为言；武王之学可谓成矣，召公犹防其玩物丧志，而譬之于为山九仞，功亏一篑。夫子之言，盖由于此。有事于帝王之学者，可不坚持其志哉？

【编者按】

评说在人不在己，成败在己不在人。而人与人的天壤之别，有时却只在一步没赶上，一点点没做到而已。"再努力一点点"，这应该成为我们成就德业的座右铭。

七十一、唐棣之花，思之不远

"唐棣之华，偏其反而。岂不尔思，室是远而。"子曰："未之思也，夫何远之有？"

——《论语·子罕第九》

【张居正直解】

〔唐棣〕即今之郁李；〔偏〕字当作翩翩然的"翩"字；〔反〕字当作"翻"字，都是摇动的模样。

这四句诗不在三百篇中。盖孔子删诗时已去此一章，故谓之逸诗也。昔诗人托物起兴说道："我观唐棣之花，翩翩然摇动于春风煽和之时，因此感触，睹物怀人，岂不惟尔之思念乎？但所居之室相去隔远，不可得而见耳！"夫诗人之所思者，固未知其所指何在？孔子遂借其词而反之说道："天下之事不患其难致，而患其不求。今诗之所言，既云思之，而复以室远为患者，是殆未之思耳。若果有心以思之，则求之而即得，欲之而即至，夫何远之有哉？如诚心以思贤，则虽在千古之前，万里之远，而精神之所感孚，自有潜通而冥会者，何病于时势之相隔乎？如诚心以思道，则其理虽极其精微，至为玄远，而吾之心力既到，自有豁然而贯通者，何病于扞格之难入乎？"

这是孔子借诗词以勉人之意。然人心至灵，思在于善则为善固不难，思在于恶则为恶亦甚易。故先儒言，哲人知几，诚之于思，学者又不可不审察于念虑之萌也。

【编者按】

无所追求的事，虽在身边，也自遥远；用心追求的事，虽远在天边也如在眼前。正所谓心偏地自远。谁谓河广？一苇可航。天下事亦不可一而论之，自有不可求之事。如屈原之"三求女"而处处碰壁不得遇明君；孔子周游天下万国，而竟不得一顾一用。英雄气短、壮士扼腕的事并不鲜见，这世界如此之大，未必就非要去当什么英雄、巨贾、高官。耕读渔樵虽只是在老码头的旧船上传说的故事，于今之世也并不缺少青山绿水武陵桃源。人生的成功之路，本非一途。

七十二、孔子上朝见什么人说什么话

朝，与下大夫言，侃侃如也；与上大夫言，訚訚如也；君在，踧踖如也，与与如也。

——《论语·乡党第十》

【张居正直解】

这一章是记孔子在朝之容。［侃侃］是刚直；［訚訚］是和悦中有持正的意思。

门人记说：吾夫子在朝之时与众大夫相接，每视其位之尊卑，以为礼之隆杀。如与下大夫言，其势分犹卑，言或可以直遂，则当言即言，无所隐讳，但见其侃侃如也。若与上大夫言，其体貌尊重，言不可以径情，虽理之所在，持正不阿，然每出之以从容，导之以和悦，但见其訚訚如也。盖朝廷之上，以爵为序，故虽直道而行，亦必因人而施如此。

［君在］是君上临朝之时；［踧踖］是恭敬不安的模样；

［与与］是从容自在的意思。

夫子遇君上临朝之时，其心敬谨，不敢一毫怠忽。看他进退周旋，却似踧踖不安的模样。但常人过于矜持，未免失之拘迫。夫子则从容和缓，自然有威仪之可观，但见其与与然中适也。盖不惟可以见盛德之仪容，亦可以知其事君之尽礼矣。

【编者按】

人与人是平等的，但待人以礼是必须的。它代表着一个人的文明水准。有一种人对下无理，对上巴结；还有一种人则专在上司面前装大而哗众取宠。这两种人都不是正人君子。

七十三、不言则已，言必有中

鲁人为长府。闵子骞曰："仍旧贯，如之何？何必改作？"子曰："夫人不言，言必有中。"

——《论语·先进第十一》

【张居正直解】

　　［为］是兴造；［长府］是藏货财的府库；［仍］是因；［贯］是事；［夫人］指闵子骞说；［中］是当于理。

　　昔鲁国有藏货财的长府，鲁人要将旧制拆毁，从新改造一番。闵子骞见其事在得已，乃婉词以劝之说道："这长府之设，相沿已久，未至大坏。且只因其旧制，稍加修整，以藏货财，似亦无不可者。何必创新改造，而为此劳费之事乎？"闵子之言，其意甚善，故孔子闻而喜之，乃称美说道："此人不言则已，言则必当于理。"

　　盖治国以节用爱人为要，而土木之工，乃劳民伤财之大者，苟非甚不得已，不可兴也。长府之作，本事之可已者，使鲁之君臣因其言而止之，一可以省费，二可以恤民，三可以昭恭俭之德，其为益也不亦大乎？所以说，夫人不言，言必有中。夫子之称闵子者，所以警鲁人也。夫府库，乃国家规制之当备者，在圣贤犹以为可省，况为寝宫、瑶台、芳林、别苑而纵游佚之欲者乎？有国家者，可以深长思矣。

【编者按】

古人言："贵人话语迟。"越是浅薄之人，便越是乐于胡说八道；越是炫耀自己便越浅薄。古往今来，没有人会喜欢喋喋不休者，没有人不重视一语中的之主张。

七十四、“登堂入室”之由来

子曰：“由之瑟，奚为于丘之门？”门人不敬子路。子曰：“由也升堂矣，未入于室也。”

——《论语·先进第十一》

【张居正直解】

〔瑟〕是乐器，古之为士者，无故不去琴瑟，所以养性情也；〔奚〕字，解作“何”字；〔堂〕是厅堂；〔室〕是房室。

昔子路好勇，故其鼓瑟常有北鄙杀伐之声。孔子闻而偡之说：“吾之教人，以变化气质、涵养德性为要，而乐之为道，审声可以知人。今听由之瑟声如此，则其气质未变，德性未纯可知。何为而鼓瑟于我之门乎？”

孔子此言，盖欲子路深自警省，以克其刚勇之偏，非遽绝之也。门人闻孔子之言，乃遂不敬子路。孔子晓之说：“汝等岂以仲由为不足敬耶？凡人之学识，其正大高明的去处，譬如厅堂一般；其精微深邃的去处，譬如房屋一般。今由之学识，已造于高明之域，而未入于精微之奥，就似人已升到厅堂，但未入于房室耳。使能勉力进修，所至固不可量，安可以是而遽轻忽之哉？"

然观孔门入室之徒，自颜、曾之外，盖亦无几，以是知圣学精微之奥，诚未易窥，而人既知所趋向，又不可不勉其所未至也。

【编者按】

人之势利眼原本自古而来，众人听孔子一句话便都瞧不起子路，真是令人可笑、可鄙。

七十五、"过"与"不及"都各有所偏而非中非正

子贡问："师与商也孰贤？"子曰："师也过，商也不及。"曰："然则师愈与？"子曰："过犹不及。"

——《论语·先进第十一》

【张居正直解】

〔师〕是颛孙师；〔商〕是卜商。二人都是孔子弟子；〔愈〕字，解作"胜"字。

子贡问于孔子说："门弟子中，若颛孙师、卜商者，二人所造，果谁为贤？"孔子答说："师也才高意广，而好为苟难，其学每至于太过；商也笃信谨守，而规模狭隘，其学每失之不及，是二人之所造也。"

子贡不达过与不及之义，乃问说："师既是过，商既是不及，然则师固胜于商与？"孔子答说："不然。道以中庸为

至，不及的固不是中道，那太过的也不是中道，是太过也与不及的一般。若能各矫其偏，固皆可至于中，不然，则其失均耳。吾未见师之胜于商也。"

【编者按】

花香若超过50%便是臭味；水温若低了一度也达不到沸点。凡事应正好。西塞罗说恰当；孔子讲中庸；佛门讲中正。人真当慎思而后行，当进则进、当止则止。

七十六、子路说"何必读书，然后为学"

子路使子羔为费宰。子曰："贼夫人之子。"子路曰："有民人焉，有社稷焉，何必读书，然后为学？"子曰："是故恶夫佞者。"

——《论语·先进第十一》

【张居正直解】

　　[子羔]是高柴的字；[宰]是邑宰；[贼]是害；[夫人之子]就指子羔说；[佞]是强辩饰非。

　　昔子路为季氏宰，因欲举子羔为费邑之宰，孔子责之说："凡人学优斯可以登仕，明体乃足以适用。今子羔资质虽美，而所学尚浅。若遽使为宰，则内有妨于修已，而学问无由以成；外有妨于治人，而功业必不能就。这不是爱他，实所以害之也，如之何其可乎？"

　　子路因夫子之责，乃不自以为过，又强词以应之说道：

158

"费邑之中，有民人焉，所当治也。有社稷焉，所当事也。若于民人而求所以治民之理，于社稷而尽所以事神之道，这便是学了，何必读书，拘拘于章句之末，然后谓之学耶？"夫治民事神，固学者事，要必学之已成，然后可仕以行其学。若初未尝学，而使之即仕以为学，则道理不明，施为欠当，其不至于慢神而虐民者几稀矣。子路此言，非其本意，但不肯自认己错，而取辨于口给以御人耳。

夫子乃直言以责之说："我平日所以恶那佞口的人，正谓其不论理之是非，而惟逞口辩以求胜耳。由也自今可不戒哉！"夫漆雕开必已信而后仕，则夫子喜之。子路于未学而使仕，则夫子责之。可见出治有本，务学为先，凡有天下国家之责者，其职任愈大，则其学当愈充；其关系愈重，则其学当愈勤，诚不可一时而少闲也。

【编者按】

子路所说只是问题的一方面。所谓学习，不只读书一途，但不读书而官必陷于经验主义而失理性于迷途。不知操刀而使之割肉，不会用剪而使之裁衣，必成事不足，败事有余。且必伤其手。无论用人者、想当官的人，都当慎思而后定。

七十七、孔子考问治策于四弟子独赞曾皙

子路、曾皙、冉有、公西华侍坐。子曰:"以吾一日长乎尔,毋吾以也。居则曰:'不吾知也!'如或知尔,则何以哉?"

子路率尔而对曰:"千乘之国,摄乎大国之间,加之以师旅,因之以饥馑;由也为之,比及三年,可使有勇,且知方也。"夫子哂之。

"求!尔何如?"对曰:"方六七十,如五六十,求也为之,比及三年,可使足民。如其礼乐,以俟君子。"

"赤,尔何如?"对曰:"非曰能之,愿学焉。宗庙之事,如会同,端章甫,愿为小相焉。"

"点!尔何如?"鼓瑟希,铿尔,舍瑟而作。对曰:"异乎三子者之撰。"子曰:"何伤乎?亦各言其志也。"曰:"莫春者,春服既成,冠者五六人,童子六七人,浴乎沂,风乎舞雩,咏而归。"夫子喟然叹曰:"吾与点也!"

三子者出，曾皙后。曾皙曰："夫三子者之言何如？"子曰："亦各言其志也已矣。"曰："夫子何哂由也？"曰："为国以礼，其言不让，是故哂之。""唯求则非邦也欤？""安见方六七十如五六十，而非邦也者？""唯赤则非邦也欤？""宗庙会同，非诸侯而何？赤也为之小，孰能为之大？"

——《论语·先进第十一》

【张居正直解】

［曾皙］名点，是曾参之父。

门人记子路、曾皙、冉有、公西华，一日侍坐于夫子之侧，夫子欲使尽言以观其志，乃先开诱之说："人情若拘于少长之分，则心生严畏意不展舒，虽欲知其心之所有，不可得矣。今我之年齿，虽有一日少长于汝辈，而为汝等之师，然汝勿以我长而难于尽言，务当有怀必吐，有言必尽，可也。盖汝辈方平居之时，固皆自负说：'吾之才，本足以为世用，但人莫能知我耳。'如或有人知汝，举而用之，则汝将何所设施，以展其生平之蕴哉？试为我言其所以待用之具何如？"夫子此间，盖欲考见四子自知之明，而因以施其裁成之教也。

［率尔］是轻遽的模样；［千乘之国］是地方百里，可出兵车千乘的侯国；［摄］是管束；二千五百人为师，五百人为旅，［加以师旅］是说有兵战之事；［因］是频仍；谷不熟叫

作［饥］；菜不熟叫作［馑］；［勇］是强勇；［方］是向；
［知方］是知向于义；［哂］是微笑。

子路一承夫子之问，更不逊让，便轻遽而对说："今有千
乘之国，两边都是大国管束于其间；又加之以师旅，而调发不
宁，常有兵战之事；又因之以饥馑，而荒歉频仍，每有匮乏之
忧，时势之难为也如此。若使由也为之，外当事变之冲，内
修政教之实；务农积谷于其先，简阅训练于其后；果锐以作其
气，忠信以结其心。将及三年之久，可使民皆强勇，而敌忾
御侮之争先；又且皆知向义，而亲上死长之无二。是则由之
志也。"于是夫子微笑之。盖笑其言词轻率，非谓其所志之
不大也。

孔子既闻子路之志，遂以次问于冉求说："尔之志何
如？"冉求对说："千乘大国，非求所堪也。但方六七十里，
或五六十里的小国，若使求也为之，制田里，教树畜，以开其
源；薄赋敛，敦节俭，以导其流。将及三年之久，可使民皆富
足，不惟仰事俯育之有资，亦且水旱凶荒之有备，求之志，如
斯而已。若夫礼以节民性，乐以和民心，使化行而俗美，则必
俟夫才全德备之君子，然后能行之，非求之所敢当也。"盖冉
有之资，本自谦退，又因子路见哂，故其词益逊如此。

［宗庙之事］是祭祀祖考；诸侯时见叫作［会］；众频叫
作［同］；［端］是玄端，礼服；［章甫］是礼冠；［相］是
赞礼者；［谓之小者］谦词。

夫子又呼公西赤而问说："尔之志何如？"公西赤对说：

162

"礼乐之事，非敢说我便能之，诚愿即其事而学焉。彼宗庙之中，有祭祀之事，至如诸侯修好，则有会同之事，皆礼乐之所在也。赤当斯时，若得周旋供事于其间，服玄端之服，冠章甫之冠，愿为赞礼之小相焉。序其仪节，使君不失礼于神明；审其应对，使君不失礼于邻国。赤之志，如斯而已矣。"盖礼乐本公西华之所优为，其曰愿学，曰小相，亦因问而承之以谦也。

〔希〕是间歇；〔铿尔〕是瑟之余音；〔作〕是起；〔撰〕是具；〔莫春〕是三月的时候；〔春服〕是单夹之衣；〔风〕是乘凉；〔沂〕是水名；〔舞雩〕是祭天祷雨，有坛墠树木的去处，都在鲁城之南；〔咏〕是歌咏；〔喟然〕是叹息之声；〔与〕是许。

方三子言志之时，曾点正在鼓瑟。三子言志既毕，夫子乃呼曾点问说："尔之志何如？"点承夫子之问，鼓瑟之声方才间歇，余音尚铿然可听，乃舍瑟而起，从容对说："点之志，与三子之所具者不同，有难言者。"夫子开导之说："汝但言之，庸何伤乎？人各有志，亦惟各言其志而已，不必同也。"曾点乃对说："点之志，非有他也，亦以性分之中，自有真乐，随寓而在，无事旁求。就如今暮春之时，天气和煦，景物固足以畅怀；冬衣已解，单夹之服既成，又足以适体，因而偕那同志之徒，冠而成人者五六人，年少的童子六七人，少长有序，气类相投，油油然往游于鲁城南之胜处。沂水有温泉，其洁可濯也，则相与洗浴乎沂水之滨；舞雩有坛墠树木，其阴可

163

庇也，则相与乘凉于舞雩之下；兴寄有时而可止也，则相与歌咏而归。唱和交适，舒卷自如，是亦足以自乐矣，而他尚何慕焉？点之志，所以异乎三子者如此。"

夫子一闻曾点之言，有契于心，乃喟然叹息说道："吾与点也，其深嘉乐予之意，溢于言表矣。"盖君子所性，万物皆备，人惟见道不明，未免有慕于外，始以得失为欣戚耳。若是反身而诚，无所愧怍，此心泰然，纯是天理，则无往而不得其乐矣。故蔬食水饮，箪瓢陋巷，此乐也。用于国而安富尊荣，达之天下而老安少怀，施诸后世而亲贤乐利，亦此乐也。大行不加，穷居不损，用行舍藏，惟其所遇，而我无心焉。盖圣门学术如此，曾点知之，故为夫子所深许也。

［礼］是天理之节文；［让］是谦逊。

昔诸子言志已毕，曾皙以夫子独与己之志，而于子路则哂之，于冉有、公西华则无言，不能无疑，乃俟三子皆出，独留身在后，问于夫子说："适间三子所言之志，其是非得失何如？"夫子说："也只是各言其志而已，无他说也。"曾皙又问说："夫子何为独笑仲由也？"夫子说："凡为国者，必以礼让为先，则上下雍睦，示民不争，而后国可治也。今由也，言辞急遽，自负有才，直任之而不让，则失乎恭敬辞逊之道，而有悖于礼矣，将何以为国哉？此吾所以笑之也。"

曾皙又问说："冉求之志，虽在足民，而其所治，不过六七十、五六十之小，其无乃非为邦也欤？"夫子说："先王之建万国，亲诸侯，虽有百里、七十里、五十里之不同，而分封之典则一也。百里固为大邦矣，安见方六七十，与五六十之小，而遂非邦也者？盖土地虽云狭小，然一般有封疆社稷，一般有人民政事，岂可谓之非邦乎？是求之所任，固为邦之事也，汝何疑哉？"

曾晳又问说："公西赤之志，虽在于礼乐，而其所愿，不过为小相耳，其无乃非为邦也欤？"夫子说："自诸侯享亲，然后有宗庙；睦邻，然后有会同。赤既志于宗庙会同矣，谓非诸侯之事而何？且赤本素具礼乐之才，而顾愿为小相，特其谦退之意耳。若以赤为不足于大，而仅可以为其小，则谁有能优于礼乐，出乎其右，而为之大者乎？是赤之所任，亦为邦之事也，汝又何疑哉？"

合而观之，三子言志，固亦夫子之所取者，乃独许曾点，何也？盖君子藏器于身，待时而动，穷不失意，达不离道，乃出处之大节也。若负其才能，汲汲然欲以自见于世，则出处之际，必有不能以义命自安，而苟于所就者。子路仕卫辄、冉有从季氏，病皆在此，故夫子独与曾点，以其所见超于三子也。

【编者按】

孔夫子之所以见笑子路的治策，因其有违于礼；孔夫子之所以独赞曾晳，在于他的治国策合于礼。而事实上，谁要真是像曾晳说的去治国，要么是垂衣而治的圣君，要么便是荒芜国政的亡国之君。

七十八、进谗如水者为大诬，诉冤至极者多伪情

子张问明。子曰："浸润之谮，肤受之诉，不行焉。可谓明也已矣。浸润之谮，肤受之诉，不行焉，可谓远也已矣。"

——《论语·颜渊第十二》

【张居正直解】

[明]是心中明白，无所蔽惑；[浸润]谓如水之浸灌滋润，是形容毁人者，入之以渐，使听者不觉的意思；[谮]是毁入之短；[肤受]谓肌肤上受害，是形容祸患切身的意思；[诉]是诉己之冤；[不行]是不听信；[远]是明之至而不蔽于浅近。

子张问说："人情微暖而难知，物态纷纭而莫辨，苟非至明，何以察识？请问如何方可谓之明？"孔子告之说："凡见

人之所易见者，未足以谓之明；惟察人之所难察者，乃可谓之明耳。如谗谮人者，若直将那人的不是处说将来，则情犹易窥也。惟夫谮而浸润焉者，或乘我喜怒，而暗为中伤，或即其近似，而巧为诬诋，微言冷语，积之以渐而不露形迹，譬如水之浸物的一般，则听者不觉其入而信之深矣。又如假诉冤者，若使其词少缓，则情犹可见也。惟夫诉而肤受焉者，或言人之害我，苦在至极，或言我之受祸，就在目前，情状危急，事势迫切，譬如就加到身上的一般，则听者不及致详而发之暴矣。夫是二者，设心甚狡，用机至深，皆人所难察者也。若能察其为伪而不行焉，则是确然有见，洞烛群情之隐，而人不得以售其奸矣，岂不谓之明乎？然不但可谓之明也，若能于浸润之谮、肤受之诉而不行焉，则是超然远识，明见万里之外，而非浅近之知可比矣，岂不谓之远乎？盖于难察者而能察焉，则凡人之所易见者，皆无足言也。其谓之明且远也，不亦宜哉！"

按此章之旨，在人君尤为切要。盖人君以一人之耳目，照临乎天下，使非明而且远，则俭邪之情状难明，谗谮之游言易入。苟听信或差，其关系治乱，非小小矣。故必居敬穷理，使心有主持，而情伪毕照，然后人莫能欺，足称明且远也。明君宜三致意焉。

【编者按】

高广则明，明者为天；博大则远，远者为地。官场中人自须有天高地远之政治眼光，才能明辨人心之是非，而不落入他人之陷阱、圈套。

167

七十九、治国"三大策"而民信
重于足食、足兵

子贡问政。子曰:"足食,足兵,民信之矣。"子贡曰:"必不得已而去,于斯三者何先?"曰:"去兵。"子贡曰:"必不得已而去,于斯二者何先?"曰:"去食。自古皆有死,民无信不立。"

——《论语·颜渊第十二》

【张居正直解】

子贡一日问政于孔子。孔子告之说:"为政之要,惟视民生之最切者以为之所而已。食者,民所赖以为养。食有不足,则民生不遂,不可也。必须为之制田里,薄税敛,使闾阎有乃积乃仓之富,国家有九年六年之蓄,这等样足食才好。兵者,民所赖以为卫。兵有不足,则民生不安,不可也。必须为之比什伍,时简阅,使伍两卒旅之无缺,车马器械之咸备,这等样足兵才好。然米粟虽多，兵革虽利，苟信有未孚，则民心日离，又岂可乎？必须施教化，明礼义，使为吾之赤子者，皆有尊君亲上之心，无欺诈离叛之意，这方叫作民信之矣。夫食足，则导之而生养遂；兵足，则治之而争夺息；民信，则教之而伦理明。虽帝王之治，不过如此。兼是三者，政其有不举者乎？"

子贡又问说："三者兼全，固为善政。若事势穷蹙，难以兼得，必不得已，于三者之中，姑去其一，则以何为先？孔子说："若不得已，宁可去兵。"盖食足而信孚，则民亲其上，死其长，虽无兵而守固矣。此兵之所以可去也。

子贡又问说："三者去兵，已是权宜，若事势愈蹙，虽食与信，亦有难兼者，必不得已，于二者之中又当去一，则以何为先？"孔子说："又不得已，宁可去食。"盖民无食必死，然自古及今，人皆有死，是死者，人所必不能免。若夫信者乃本心之德，人之所以为人者也。民无信，则相欺相诈，无所不至，形虽人而质不异于禽兽，无以自立于天地之间，不若死之为安。故为政者，宁死而不可失信于民，则民亦宁死而不失信于我矣，此食所以可去，而信必不可无也。

即此观之，可见国保于民，民保于信。是以古之王者，不欺四海，善为国者，不欺其民。盖必有爱民之真心，而后有教养之实政，自然国富兵强，民心团结而不可解矣，此信所以为人君之大宝也。

【编者按】

　　"自古皆有死，民不信不立。"可为当官执政者的座右铭。而民信来自民生，民生赖于美政。能解决民生所热切关注的民生问题，便足称美政了。这是古今中外无所异的治政思想。

八十、存忠信于心而德日增；
无爱恶之私则无惑

子张问崇德、辨惑。子曰："主忠信，徙义，崇德也。爱之欲其生，恶之欲其死。既欲其生，又欲其死，是惑也。"

——《论语·颜渊第十二》

【张居正直解】

[崇]是日有增加的意思；行道而有得于心，叫作[德]；[辨]是辨别；[惑]是心有所蔽；[忠]是尽心而不欺；[信]是诚实而无伪；[徙]是迁；[义]是理之所当为者。

子张问于孔子说："得于心之谓德，所当崇也；蔽于心之谓惑，所当辨也。兹欲崇之辨之，果何所用其力乎？"孔子告之说："德根于心而达于事者也，使内有伪妄之心，则善端充长之无基；外无迁善之勇，则培养滋益之无助，德何由崇耶？故必存于心者，常以忠信为主，而无一毫之虚伪。又能于理之所当为者，便迁改以从之，而事事欲其合宜。如此，则根本既固，而善行又有所积累，本心之德，自将日进于高明矣，岂不是崇德之事？人之生死有命，本非吾所能张主也。今也爱其人，便要他生，恶其人，便要他死，既已溺于爱恶之私，而不达夫死生之定分矣。况此一人耳，方其爱之，既要他生，及其恶之，又要他死，易喜，易嗔，变迁无定。然则造化死生之柄，岂在吾好恶中耶？甚矣其惑也。能于此而辨之，则惑可得而去矣。"盖惑虽多端，死生乃其大者，推之于一切理外之事，皆不必虚用其心，又何惑之有？

【编者按】

"主忠信，徒义"是说人当以忠信主宰其心，凡事以义与不义即合不合理为取舍，便会增德守善了。一个人一生走什么路，有什么成败祸福，确由其心中所存的主宰思想所决定，这就是人生观、价值观的决定作用。

八十一、比吃饭还重要的是
君臣父子各行其道

齐景公问政于孔子。孔子对曰："君君，臣臣，父父，子子。"公曰："善哉！信如君不君，臣不臣，父不父，子不子，虽有粟，吾得而食诸？"

——《论语·颜渊第十二》

【张居正直解】

［齐景公］名杵臼，一日问政于孔子。

孔子对说："为政以叙彝伦为先，彝伦以君臣父子为大，必也。君尽为君的道理而止于仁，臣尽为臣的道理而止于敬，父尽为父的道理而止于慈，子尽为子的道理而止于孝。君、臣、父、子各尽其道，则治理由此而举，国家由此而治，乃人道之大经，政事之根本也。若于此忽焉而不图，岂所以为政乎？"按，是时，景公失政，而大夫陈氏厚施于国，则君不君，臣不臣矣。又多内嬖，而不立太子，则父不父，子不子矣。故夫子告之如此，所以深儆之也。

景公闻孔子之言，深有契于心，遂称赞说道："善哉此言，真切要之论也。如果君不成其为君，臣不成其为臣，而君臣失其道；父不成其为父，子不成其为子，而父子失其道。则纪纲颓败，法度废弛，国之灭亡无日矣。国家虽富，米粟虽多，吾岂得安享而食之乎？"景公知善夫子之言如此，亦可谓本心之暂明矣。然卒以继嗣不定，启陈氏篡弑之祸，岂非悦而不绎，吾未如之何者欤？

【编者按】

理论不付诸实践，不依其解决实际问题，一点用处都没有。齐景公既然知道臣子田氏（陈）是他的政治威胁，把他灭了就是了，反而坐而论道而无行为，让田氏移花接木篡夺了姜氏的齐国天下。

八十二、子路无宿诺，片言可断狱

子曰："片言可以折狱者，其由也与？"子路无宿诺。

——《论语·颜渊第十二》

【张居正直解】

［片言］譬如说一言半句；［折］是剖断；［狱］是争讼；［由］是子路的名；稽留隔夜叫作［宿］；［诺］是有所许于人，子路无宿诺一句，是门人说的。

孔子说："人之争讼者，各怀求胜之心，情伪多端，变诈百出；听讼者，虽极力以讯鞫之，尚有不得其情者矣。若能于片言之间，剖断曲直，使各当其情，而人无不输服者，其惟仲由也欤？"

盖仲由为人忠信明决，惟其有忠信之心，故人不忍欺；惟其有明决之才，故人不能欺，此所以言出而人信服之，不待其辞之毕也。门人因夫子之言，遂记之说：子路平日为人，最有信行，若受人之托，已应承了，则必急于践其言，曾未有迟留经宿而不行者。其为人忠信如此，则其所以取信于人者，正由其养之有素也。夫子称之，岂无自哉。

【编者按】

孔子很少表扬子路，从未给过他如此高的评价。人之忠信不但可以取信他人，也可以感动师门。用行动证明自己，比用语言说明自己更重要。

八十三、为官善断案不难，
难在使民无争讼

子曰："听讼，吾犹人也。必也使无讼乎！"

——《论语·颜渊第十二》

【张居正直解】

〔听讼〕是听断狱讼；〔犹人〕是不异于人。

孔子说："为人上者，因民之争讼，而判其孰为曲、孰为直，此事我也可以及人，不为难也。然要不过治其末，塞其流而已。必也，正其本，清其源，而道之以德，齐之以礼，使民知耻向化，兴于礼让，自然无讼之可听，乃为可贵耳。"

这是门人因孔子称许子路，并记其平日之言如此。盖治民而至于使之无讼，则潜消默夺之机，有出于政刑教令之外者，视彼片言折狱，又不足言矣。明君观此，可不以德化为首务哉。

【编者按】

孔子是个理想主义者。古往今来，何曾有过无讼之时？就是到了今天的社会主义，竟然有人为了几十个字的稿费而提起诉讼。有自私便必有争讼。

八十四、从政不可倦怠职守，
行政尽心无伪

子张问政。子曰："居之无倦，行之以忠。"

——《论语·颜渊第十二》

【张居正直解】

〔政〕是治人之道；〔居〕是存诸心者；〔倦〕是倦怠；〔行〕是施诸事者；〔忠〕是尽心而无伪；两个〔之〕字，都指政说。

子张问于孔子说："如何是为政之道？"孔子告之说："凡人心所存主叫做居，设施于事叫作行。为政者，孰无所存之心，但始虽如此，而其终不免于倦怠，则其为政不过苟且而已。必也居之无倦，如何养民而使之得所，如何教民而使之成俗，念念在兹，始如是，终亦如是，不以时之久远，而少有懈惰之意，则政自有恒，而治民可期其成效矣。为政者，孰无所行之事，但事虽如此，而未必出于真心，则其为政不过虚文而已。必也行之以忠，凡制田里以养民，兴学校以教民，肫肫切切，外如是，内亦如是，一皆本于真德实意，而不徒为粉饰之具，则政皆实事，而德泽自然及于民矣。"

盖政虽多端，皆由一心以为之根本，未有始终表里一于诚，而政有不举者。是道也，小可以治一邑，大可以治一国，又大可以治天下，虽圣人之至诚无息亦不过此。有为政之责者，可不知所务哉。

【编者按】

不倦为勤，无私为忠。官场最易调动的是人性中丑陋的那部分，心居于私的，无忠恳之德的一旦进入官场既误事又误人，多得身败名裂下场。为官者处事临事，不可忘"下场"二字。

八十五、政者正，领导带头正谁敢不正

季康子问政于孔子。孔子对曰："政者，正也。子帅以正，孰敢不正？"

——《论语·颜渊第十二》

【张居正直解】

[季康子]是鲁国大夫，名肥；[帅]是表率的意思。

季康子问于孔子说："如何是为政之道？"孔子对说："子欲知为政之方，先须识政字之义。盖政之为言，所以正人之不正以归于正也。然必先自正其身，而后可以正人之不正，固未有己不正而能正人者。今子为政，不宜责之于人，唯当求之于己。如欲人之以正事君，则先自笃其忠敬，以示为臣之则。如欲人之以正守官，则先自尽其职业，以为居官之准。所言者必天下之正言，侃侃乎守经据理，而无少涉于诡随；所行者必天下之正道，挺挺然持廉秉公，而无少动于私曲。能帅之以正如此，将见标准立而人知向方，模范端而众皆取则。凡望子之风采，仰子之仪刑者，皆将改心易虑，而相率以归于正矣，其孰有自逾于范围之外者乎？不然，则虽刑驱势迫，有不能强之使从者。子欲为政，亦惟本诸身焉可也。大抵下之应上，如影之随形，响之应声。立曲木而求影之直，为缓呼而求响之疾，此理之必无者。"孔子斯言，不独以告鲁大夫，实治天下之要道也。汉儒董仲舒有言："正心以正朝廷，正朝廷以正百官，正百官以正万民。"亦是此意，君天下者念之。

【编者按】

为官者，己身不正，焉能正人？率以身正，人何不正？屋漏在上，知其在下。千万别在台上讲法治、讲廉政、讲无私亲顾，而台下骂娘，百姓巷议。此种人早晚垮台。更何况今日之官已非昔日之官，今日之民亦非昔日之民，你就是正了，他也未必服你，何况不正？

八十六、为官不贪，不招盗贼

季康子患盗，问于孔子。孔子对曰："苟子之不欲，虽赏之不窃。"

——《论语·颜渊第十二》

【张居正直解】

［欲］是贪欲。

昔季康子患国多盗贼，因问于孔子，求所以止盗之方。孔子对说："民之为盗，生于欲心，而所以启之者上也。诚使吾子清心克己，不事贪欲，则上行下效，廉耻风行，虽赏以诱之，使为盗窃，而其心愧耻，自不肯为之矣，尚何盗之患哉？"

盖羞恶之心，人皆有之，未有上以不贪为宝，而下犹寇攘成俗者也，所以说虽赏之不窃。其实上不贪欲，则观法之地以善，诛求之扰以去，优恤之政以施。观法善，则民良；诛求去，则民安；优恤施，则民足。虽外户不闭，比屋可封之俗，将由此成矣，岂止不为盗而已耶？为人上者慎诸。

【编者按】

官清民自清，官贪民亦贪。官贪可盗国，民贪没什么可贪便自去盗官。瓦岗寨义军专劫隋炀帝的"皇纲"，梁山好汉专劫梁中书的"花石纲"，是谓盗之于民者，由盗还于民吧。正所谓天网恢恢，疏而不漏，为官者不可不慎。

八十七、君子德风，小人德草，
为政焉用杀

季康子问政于孔子曰："如杀无道，以就有道，何如？"孔子对曰："子为政，焉用杀？子欲善，而民善矣。君子之德风，小人之德草，草上之风，必偃。"

——《论语·颜渊第十二》

【张居正直解】

〔无道〕是为恶的人；〔有道〕是为善的人；〔君子〕指在上者说；〔小人〕指在下者说；〔上〕字，解作"加"字；〔偃〕字，解作"仆"字，是颓靡倒倚的意思。

季康子问政于孔子说："稂莠不剪，则嘉禾不生；恶人不去，则善人受害。若将那为恶而无道的杀了，以成就那为善而有道者，何如？"孔子对说："民之善恶，顾所以倡之者何如耳。今以子之为政，则何用杀乎？子诚欲善，而躬行以率

185

之，则民自然视效而归于善矣。"何也？那在上的君子，其德能感乎人，譬如风一般，在下的小人，其德应上所感，譬如草一般，草而加之以风，无不偃仆，小人而被君子之化，无不顺从，此乃理之必然者也。然则欲民之善，亦反诸其身而已矣，而何以杀为哉？"

按：康子三问，皆是责之于人。夫子三答，皆使求之于己。盖正人必先于正己：而不欲，正也；欲善，亦正也。使康子能以其欲利之心欲善，则民岂特不为盗，而且皆为善矣。所谓子帅以正，孰敢不正者也。《大学》说："尧舜帅天下以仁而民从之。"即是此意。人君可不以躬行德教为化民之本哉。

【编者按】

不杀不足以平民愤者自当杀之，治国无一"杀"字何以为治？而民风自以官风、官倡为转移。官风不正，民风自无以正。

八十八、求己达者德人，求人闻者丧己

子张问："士何如斯可谓之达矣？"子曰："何哉，尔所谓达者？"子张对曰："在邦必闻，在家必闻。"子曰："是闻也，非达也。夫达也者，质直而好义，察言而观色，虑以下人。在邦必达，在家必达。夫闻也者，色取仁而行违，居之不疑。在邦必闻，在家必闻。"

——《论语·颜渊第十二》

【张居正直解】

［达］是所行通达；［闻］是名誉著闻。

昔子张之在圣门，心驰于务外，而不肯着实为己，孔子亦每因事而裁抑之。一日问于孔子说："士何如斯可谓之达矣？""夫士君子处世，随其所往，而皆通达顺利，无有阻滞，乃人人所欲者。然必有实德于己，而后人皆信之，非可以袭取而幸致者也。"夫子已知子张不识达字之义，乃故诘之说："何哉，汝之所谓达者？"盖将发其病而药之也。子张遂对说："人惟名誉不彰是以行多窒碍，吾之所谓达者，惟欲声称播乎人耳，誉望服乎人心，在邦则必闻于邦，在家则必闻于家，如此而已。"是盖以闻为达，而忽于近里着己之功，正其平日受病处。夫子遂从而折之说："据子所言家邦必闻，是乃所谓闻也，非所谓达也。"盖闻之与达虽若相似而实不同。达则以实行动人，闻则以虚声鼓众，以闻为达，差之毫厘，谬以千里矣，岂可昧于所从而不知辨哉？

〔质〕是质实；〔直〕是正直；〔察言观色〕是察人之言语，观人之颜色，以验在己之得失；〔虑以下人〕是常思谦退，不敢以意气加人的意思。

孔子告子张说："闻之与达，虽若相似而实不同。夫达也者，非有心于求人之知也。以言其内，则质实而无巧伪，正直而无私曲。以言其外，则动惟见其好义，事必求其当理。其立心行己之善如此。然犹不敢自是，而察人言语之从违，观人颜色之向背，以验在己之得失；又不敢以贤智先人，而常思谦抑退让，居人之下，其处己待物之谨又如此。夫是以盛德所感，人皆爱敬，随其所往，无不顺利，其在邦也，则上得乎君，下得乎民，而达于一邦焉；其在家也，则父兄安之，宗族悦之，而达于一家焉。盖所谓达者如此，岂偶然而致者哉。"

〔色取仁〕是外貌假做为善的模样；〔违〕是背。

孔子又说："德修于己，而人自信之，然后谓之达。若夫闻也者，存心虚妄，其中本非仁也，却乃矫情饰貌，做出个善人君子的模样；夷考其行，则素履多愆，全然相背，是与质直而好义者异矣。且又肆无忌惮，果于欺人，泰然处之，略无疑沮，恰似实有此仁的一般，是又与察言观色、虑以下人者异矣。夫深情厚貌，彼既巧于文其奸，而久假不归，人又无由窥其诈，则掩饰之际，疑似乱真，人有不被其欺而称誉之者乎？故其在邦也，则动辄见称于朝廷州里焉；其在家也，则动辄见称于父兄宗族焉，盖所谓闻者如此。"然声闻过情，君子所耻，况作伪之事，终必败露，比之于达，其相去何啻千里哉！是可见达者，为己而自孚于人；闻者，为人而终丧乎己。诚伪之间，学者固当深辨矣。若乃实行登庸，则邦家获无穷之益；虚名误采，则邦家贻莫大之忧。其关系又岂小小哉！用人者，尤宜致慎于斯。

【编者按】

闻者为虚名，达者为通达。求家国所闻者，以虚伪矫情可致；求通达家国天下者，必以德盛而致。

八十九、无私为上德，无恶为修德，无忿便无惑

樊迟从游于舞雩之下，曰："敢问崇德，修慝，辨惑。"予曰："善哉问！先事后得，非崇德与？攻其恶，无攻人之恶，非修慝与？一朝之忿，忘其身，以及其亲，非惑与？"

——《论语·颜渊第十二》

【张居正直解】

［舞雩］是鲁城南祭天祷雨的去处；［修］是治而去之；［慝］是恶之藏匿于心者；［攻］是克伐；［忿］是忿恨。

昔者孔子闲游于舞雩之下，樊迟从之，因问说："理得于心之谓德，如何可崇？恶匿于心之谓慝，如何可修？事蔽于心之谓惑，如何可辨？"孔子以其问之切于为己也，故美之说：

"善哉汝之问乎。夫人心不可以两用，使为其事而即计其功，则天理夺于人欲之私，德之所以不崇也。若能先其事之所难，而后其效之所得，则心志专一，功夫无间，本心之善，将日积而不自知矣，这岂不是崇德的事？人惟轻于责己，而重于责人，则自家过恶卤莽而不暇治，慝之所以不修也。若能专于攻己之恶，一毫不肯放过，而无暇去攻人之恶，则自治诚切，而纤恶不留矣，这岂不是修慝的事？若夫一时之忿恨甚小，乃不能自制，而与人争斗，遂至于丧亡其身，因以连累父母，至于亏体辱亲，则其祸大矣。夫以小忿而致大祸，这岂不是愚惑之甚欤？能于此觉悟而惩创之，则心无所蔽，而惑可辨矣。"樊迟粗鄙近利，故夫子告之如此，所以救其失也。

然工夫虽有三件，贯通只是一理。盖崇德者，所以存吾心之天理也，其事属之涵养；修慝辨惑者，所以遏吾心之人欲也，其事属之省察克治。非涵养，不足以培其源，非省察克治，不足以去其累。善学者，体验而密其功可也。

【编者按】

治得一心无私、无恶、无忿，则一生无祸不惑，而祸福何须问他人，百端只在一心存。

九十、为政之道：身先、亲劳、无倦

子路问政。子曰："先之，劳之。"请益。曰："无倦。"

——《论语·子路第十三》

【张居正直解】

〔先〕是倡率的意思；〔劳〕是以身勤劳其事；〔倦〕是厌怠。

子路问为政之方，孔子告之说："为政有本，不宜徒责于人，惟当反求诸己，以兴民行，毋徒以言语教导之而已，必也以身先之。如欲民亲其亲，则先之以孝；欲民长其长，则先之以弟；欲民之忠，则先之以不欺；欲民之信，则先之以用情。件件都从己身上做个样子与他看，则民自有所观感兴起，而教无不行矣。以作民事，毋徒以政令驱使之而已，必也以身劳之。如欲民勤于耕，则春省以补其不足；欲民勤于敛，则秋省以助其不给。或劝课其树蓄，或巡行其阡陌，件件都亲自与百姓每料理，则民竞相劝勉，而事无不举矣。为政之道，不外此二端而已。"

子路自负其兼人之勇，以为政亦多术，恐不止于先之劳之二者而已，故复请增益焉。孔子以勇者喜于有为而不能持久，故又告之说："为政不在多言，前说已尽，无可益也。但天下之事，勤始者多，克终者少，子惟于此二者，持之有常，勿生倦怠。民行虽已兴矣，所以率先之者愈加；民事虽已举矣，所以勤劳之者愈力，则教思无穷容保无疆，为政之能事毕矣。二者之外，更何所益乎？"

然先劳无倦，不止居官任职者为然，人君之治天下，非躬行不足以率人，非久道不足以成化，尤当于此深加之意也。

【编者按】

为官者唯率先垂范，民自风兴；唯亲政勤政亲民爱民，事无不举。用今天的话说就是一要领导带头，二要深入群众，帮他们解决生产、生活中的实际问题。只要把这件事坚持不懈地做好，政无不治。世有不治之官，而无不可治之事。

九十一、主官须明责授权，
容人小过，举用贤能

仲弓为季氏宰，问政。子曰："先有司，赦小过，举贤才。"曰："焉知贤才而举之？"子曰："举尔所知。尔所不知，人其舍诸？"

——《论语·子路第十三》

【张居正直解】

〔季氏〕是鲁大夫；〔宰〕是邑长；〔有司〕是众职；〔赦〕是宽宥。

昔者仲弓为季氏属邑之宰，问政于孔子。孔子告之说："宰兼众职，若不分任于先，何以责成于后？故必先授其任于有司，使各专去办理，而后考其成功，则己不劳而事毕举矣。人有大过，固不可不惩，若小小差失一概苛责，则法太密而人无所容，故必于小过而宽宥之，则刑不滥而人心悦矣。至于贤

194

才不举，则众务必至于废弛，故凡贤而有德、才而有能者，必举而用之，则有司皆得其人而政益修矣，这便是为政之道。"

仲弓又问说："先有司可能也，赦小过可能也，若夫贤才之伏无尽，我岂能以一人之智，尽知天下贤才而举之乎？"孔子说："贤才之在世也，汝虽不能尽知，然岂一无所知者乎？汝虽有所不知，然人岂无知之者乎？汝但于汝之所知者，举而用之，则人见其诚心荐贤，莫不感动。凡汝之所不知者，亦皆将举之矣，其孰肯终舍之哉。"盖秉彝好德，人心所同，举其所知者于己，而付其所不知者于人，自可无遗贤之患矣。若必自己尽知而尽举之，何其示人之不广耶？即此观之，圣贤用心之大小可见矣。

大抵夫子所言，皆为政之大体，虽古先帝王致治之盛，亦不外此。故狱慎罔兼，先有司也；眚灾肆赦，赦小过也；翕受旁招，举贤才也。三者之中，举贤为尤要，能举贤才，则政平讼理。凡先有司，赦小过，皆举之矣，所以说，治天下者在得人，诚君道之首务也。

【编者按】

孔子讲为地方主官应当首先把各部门职责明确；要容人小过；要举用贤能。升官之道很复杂。为官之道很简单，只要决策正确，用得其人，你自己别贪别私，那就没有什么做不好的。

九十二、升官之道虽复杂，
　　　为政之道很简单

　　子路曰："卫君待子而为政，子将奚先？"子曰："必也正名乎！"子路曰："有是哉，子之迂也！奚其正？"子曰："野哉，由也！君子于其所不知，盖阙如也。名不正，则言不顺；言不顺，则事不成；事不成，则礼乐不兴；礼乐不兴，则刑罚不中；刑罚不中，则民无所措手足。故君子名之必可言也，言之必可行也。君子于其言，无所苟而已矣。"

——《论语·子路第十三》

【张居正直解】

　　［卫君］是出公，名辄。

　　昔卫灵公逐其世子蒯聩，出奔于晋。灵公卒，立蒯聩之子辄为君。其后蒯聩欲返国，辄拒而不纳，凡宗庙祭祀，与夫出政施令于国，都只称灵公为父，不认蒯聩，是统嗣不明，名实乖乱甚矣。此时孔子自楚反乎卫，子路方仕于卫，因问于孔子说："卫君慕夫子之道德久矣，今见夫子之来，必且虚己隆礼，以待子而为政。不知子之为政，其所设施者，以何为先乎？"

夫子答之说："君臣、父子，人之大伦，未有彝伦不叙，而可以为国者。今卫君乃不以其父为父，而以其祖为父，彝伦斁而名实爽矣。若使我行政于卫，必也先正其名，使君臣父子之间，伦理昭然，名实不紊，此乃政事之根本，有国者之急务也。"

子路识见未能到此，乃不深思其意，率尔妄言说："有是哉，夫子之迂阔而不达于时务也。夫为政者，惟取今日可以安国治民者而急图之可矣。至于父子称谓之间，乃是小节，何关于国之治乱、事之得失，而必以正名为先乎？"子路之言，粗野甚矣，故孔子直责之说："野哉仲由，何其识见之鄙陋，而言词之粗俗也？夫君子于事理有不通晓处，则姑阙其疑，以俟考问。今汝于我之言有所未知，不妨从容辩问，乃率尔妄对，直以为非，不亦野哉！"夫子盖将详示子路以正名之说，故先折其粗心浮气如此。

事得其序便是［礼］；物得其和便是［乐］；［措］是安置的意思。

孔子告子路说："吾之所以欲先正名者，岂故为是之迂哉！盖以为政之道，必名分先正，而后百凡施为皆有条理。若使名有不正，非君臣而强为君臣，非父子而强为父子，则发号施令，称谓之间必然有碍而言不顺矣。言不顺，则名实乖错，言行相违，所为之事如何得成？事不成，则动皆苟且，必然无序而不和，礼乐如何可兴？礼乐不兴，则法度乖张，小人得以幸免，君子反罹于罪，刑罚如何可中？刑罚不中，则民莫知所趋避，而无安身之地，何所措其手足？夫以名之不正，其弊遂至于此，可见大网一隳，万目瓦裂，而国非其国矣。为政者，乌得不以正名为先乎？"

孔子又告子路说："名一不正，则言不顺，事不成，其流弊有不可胜言者。是以君子之于名也，必其称谓之间，皆当其实而无爽，而后以为名，若不可言者，则不敢以为名也。其于言也，必其出诸口者，皆可见之行而无窒，而后以为言。若不可行者，则不敢以为言也。夫名必可言，则名正而言顺；言必可行，则言顺而事成；而礼乐兴、而刑罚中，皆在是矣。所以君子为政，凡于言之称名者，务求当其实，无所苟且，盖以是耳。盖一事得，则其余皆得；一事苟，则其余皆苟。吾之欲先正名者，意正为此，子乃反以为迂，岂知治体者哉！"

【编者按】

子路着实可爱，夫子着实迂阔，竟然骂弟子粗野。但卫出公这等人是不可辅佐的，连自己的父亲都不认的人，怎么能对臣民友好呢？

九十三、熟读诗三百，
不懂人情政故也无用

子曰："诵《诗》三百，授之以政，不达；使于四方，不能专对；虽多，亦奚以为？"

——《论语·子路第十三》

【张居正直解】

〔诵〕是读；〔诗三百〕是《诗经》三百篇；〔授之以政〕是与之以位，而使其行政；〔达〕是通晓；〔使于四方〕是将君之命，出使于他国；〔专对〕是自以己意应对诸侯，不烦指授也；〔奚〕字，解作"何"字；〔以〕是用；〔为〕是语词。

孔子说："《诗》之为经也，本乎人情，该乎物理，可以验风俗之美恶，政治之得失，故读之者，必达于政。且其言温厚和平而不激亢，多所讽喻而不直率，故读之者必长于言。若有人焉读《诗》三百篇，可谓多矣。乃授之以政务，而漫不知所设施；出使于四方，而不能自为应对，则是徒有记诵之勤，全无心得之益，读诗虽多，有何用处？亦与不读者同矣。所以说虽多亦奚以为？"

盖穷经必先明理，明理方能适用，若不能明理，不过记问口耳之学而已，何足贵哉！然不止三百篇为然，大凡经书所载，莫非经世之典，修齐治平之理备在其中，读者须逐一体验而推行之，乃为有益。不然则是求多闻而不能建事，学古训而不能有获，虽多而无用矣，善学者，可不知所究心乎？

【编者按】

世事洞明皆学问，人情练达即文章。千古文章有一言成其事，一言兴其邦者，因文以载道，道行于世故。而不懂世事人情政道者，只知死读书者，文章也只能造就出一些没有任何实践能力的笔杆子、嘴皮子、书呆子。

九十四、官身正不令而行；
不正虽令不行

子曰："其身正，不令而行；其身不正，虽令不从。"

——《论语·子路第十三》

【张居正直解】

［令］是教戒。

孔子说："上之导下，以身不以言。若使伦理无不尽，言动无不谨，淫声美色不以乱其聪明，便嬖谀佞不以惑其心志，则身正矣。由是民皆感化，虽不待教令以驱使之，而自然迁善敏德，无敢有违背者。若其身不正，伦理不能尽，言动不能谨，声色乱其聪明，便佞惑其心志，则民心不服，虽教令谆切，使之为善，亦有不从者矣。"

盖上之一身，下所视效，不能正己，焉能正人？所以《大学》论齐治均平，皆以修身为本，即是此意。有天下国家者，可不求端于身哉。

【编者按】

为官者令严不如身正，色厉不如先行。一百个督战队在督战，不如一将冲锋在前。官正自无邪民，将勇自无怯兵。

九十五、孔子论卫大夫 "三苟"之贤知足自富

子谓卫公子荆："善居室。始有，曰：'苟合矣。'少有，曰：'苟完矣。'富有，曰：'苟美矣。'"

——《论语·子路第十三》

【张居正直解】

［公子荆］是卫大夫；［居室］是处家；［合］是聚合；［完］是齐备；［美］是精美；三个［苟］字，是聊且粗略的意思。

孔子说："人之嗜欲无涯，则其贪求无厌。若卫公子荆之处家，可谓善矣。盖公子荆先贫后富。方其贫时，居处服食之类，草草初具而已。在他人处此，必将求其尽有而后为快也。彼则曰：吾今已苟且聚合矣。推其心，使其止于始有，则亦以是为足而不复望矣。既而渐渐少有，在他人处此，必将求其

尽备而后为快也。彼则曰：吾今已苟且完备矣。推其心，使其止于少有，则亦以是为足而不复求矣。其后饶裕充足，虽到富有的时节，然未必至于精美，彼则曰：吾今已苟且精美矣。推其心，盖不啻尽美极备而无以复加矣。是则由合而完，由完而美，可见其随处而安，而无贪求之想。合曰苟合，完曰苟完，美曰苟美，可见其所欲有节，而无尽美之心。公子荆之居室如此，亦贤矣哉。"

大抵人之处世，莫病于贪求，莫贵于知足。然所谓知足者，谓其当下便足，非谓有所期限而止也。若有所期限，则亦不免予求矣。子荆当始有之时，不慕少有；当少有之时，不求富有，随时便足，无事营求。非其清心欲寡，不以外物累其中者，讵能之乎？故孔子贤之，谓其近于道也。

【编者按】

人无贪心，未必便贫；为富有止，知足常乐。上帝要惩罚一个人，便处处满足他的贪心，而一次性把他的所有剥夺；要佑护一个人，便时时让他有知足之心，而不断地自然给予。

九十六、王政《三境界》：
庶民、富民、德民

子适卫，冉有仆。子曰："庶矣哉！"冉有曰："既庶矣，又何加焉？"曰："富之。"曰："既富矣，又何加焉？"曰："教之。"

——《论语·子路第十三》

【张居正直解】

［适］字，解作"往"字；［卫］是卫国；［冉有］是孔子弟子；［仆］是御车；［庶］是众多的意思。

昔者孔子周流四方，行到卫国，时冉有为孔子御车而行。孔子看见那百姓每众多，因叹说："众矣哉此卫国之民也。"冉有问说："有国者，固欲民之蕃庶，然不知既庶之后，又何道以加之？"孔子告之说："庶而不富，则生养不遂，终必离散，安能长保其庶乎？必也制为田里，薄其赋敛，使百姓每丰衣足食，无贫乏之患，则庶者长庶，而可以为充实之国矣。这是王者厚生之政，所当加于既庶之后者也。"冉有又问说："有国者，固欲民之富足。然不知既富之后，又何道以加之？"孔子又告之说："富而不教，则饱暖逸居，乖争易起，安能长保其富乎？必也设为学校，教之礼义，使百姓每孝亲敬长，兴仁让之俗，则富不徒富，而可以为有道之国矣。这是王者正德之政，所当加于既富之后者也。"

圣贤一问答之间，而王道之规模、施为之次第，皆具于此，岂非万世之法程哉！

【编者按】

王者之德政有三境界：一为人口众多，是为庶民；一为丰衣足食，是为富民；一为教民以德，是为德民。

九十七、政治之首要在治恶除秽

子曰："善人为邦百年，亦可以胜残去杀矣。诚哉是言也！"

——《论语·子路第十三》

【张居正直解】

［善人］是天资仁厚的人；［胜残］是化残暴之人；［去杀］是不用刑戮。

孔子说："古语有云：善人治国，累代相继，至于百年之久，则世德积久，和气熏蒸，亦可以化残暴之人，使之同归于善，不用刑杀而天下自治矣。古语如此，诚哉是言，信有此理也。"

盖凡民之心，有善无恶，其所以放辟邪侈而陷于刑辟者，岂无仁义之良哉？惟上之人无以感之耳。善人为政，虽未必德业全备、礼乐修明，只以其一念醇厚之心，积之而化，便可使

207

刑措不用，但须先后相承，迟以岁月耳。若夫圣人之治天下，何待百年，其效亦岂止此而已哉。

【编者按】

　　政治之首要在治恶，而非行惠；在除秽，而非纳污，故善者不可为政，而当途亦不可无善心。有道是"慈不将兵"，善亦不可为政。什么叫"治"？善者、仁者、美者、德者，不须你治而人已自治。所以说政之首要在治恶除秽而非行善。

九十八、王道治世须三十年后可收效

子曰："如有王者，必世而后仁。"

——《论语·子路第十三》

【张居正直解】

［王者］是圣人受命而兴，以君主天下者，三十年为［一世］；［仁］是教化浃洽。

孔子说："善人为邦百年，仅可以胜残去杀，不过小康之国而已。若乃至治之世，仁恩渗洒，教化浃洽，举天下之大，如人一身，血气周流，无不贯彻，才叫作仁。今明主不作，民之不被其泽久矣。如有圣人受命而起，欲纳天下于同仁之域，恐亦未可遽期其效。必是积之以渐，仁心仁政，涵育熏陶，至于三十年之久。然后深仁厚泽，浃于肌肤，沦于骨髓，天下之人皆涵濡于德化之内，而相忘于熙嗥之天也。夫岂一时可致者哉！"

此可见非王道不足以成至治，非悠久不足以行王道。盖惟唐虞之万邦时雍，成周之宇宙泰和，可以语此。愿治者当知所从事矣。

【编者按】

孔子所言王道致治须百年、三十年，都是说以仁德治国须要假以时日。由此可见，他与孟子的学说在当世为什么没有人接受？以春秋之乱世，各国朝不保夕，所以多弃王道而行霸道，所以骗子、歹徒、恶棍都可被任用，唯独孔、孟二圣终生不被一用。有德之人生于乱世是一种悲哀。

九十九、身正从政不难，
身不正何以正人

子曰："苟正其身矣，于从政乎何有？不能正其身，如正人何？"

——《论语·子路第十三》

【张居正直解】

［从政］是为大夫而从事于政治。

孔子说："为政所以正人也，而其本在于正身。苟能居仁由义，动遵礼法，先自正其身矣，则上行下效，捷于影响，其于从政而正人也，何难之有？若立身行己，一有未善，不能自正其身，则表仪不端，焉能率下，其如正人何哉？"

　　为官者身正是第一前提，政治如果只是如此简单，那么就可以推选一个道德模范来做领袖了。孔子没执政的机会也许正是他的大幸、万幸。

一〇〇、知为君难，可一言兴邦，专制则一言丧邦

定公问："一言而可以兴邦，有诸？"孔子对曰："言不可以若是其几也。人之言曰：'为君难，为臣不易。'如知为君之难也，不几乎一言而兴邦乎？"曰："一言而丧邦，有诸？"孔子对曰："言不可以若是其几也。人之言曰：'予无乐乎为君，唯其言而莫予违也。'如其善而莫之违也，不亦善乎？如不善而莫之违也，不几乎一言而丧邦乎？"

——《论语·子路第十三》

【张居正直解】

　　[定公]是鲁君；[几]是期必的意思。

　　鲁定公问于孔子说："为治有要，不在多言，紧要的只一

句言语，便可以兴起国家，果有之乎？"孔子对说："兴邦，大功也。一言之微，便未可若是而必期其效。然亦有之。今时人有句话说道：'为君难，为臣不易。'夫人君势分崇高，威福由己。若无难为者，殊不知君之一身，上焉天命去留所系，下焉人心向背所关。一念不谨，或贻四海之忧；一日不谨，或致无穷之患，为君岂不难乎？人臣职守有常，随分自尽。若可易为者，殊不知臣之事君，上焉辅之以凝承天命，下焉辅之以固结人心。致君之道少亏，则有瘝官之咎；泽民之方未备，则有旷职之愆，为臣亦岂易乎？时人之言如此，人君惟不知其难，固无望于兴邦耳。诚使真知为君之难，而兢业以图之。处己，则不敢有一念之或肆；治民，则不敢有一事之或忽。由是以倡率臣工，皆务勤修职业，以共尽克艰之责。如此，将见君德日以清明，政事日以修治，上而天命于是乎眷佑，下而人心于是乎爱戴，国家之兴，端可必矣。然则为君难一言，不几乎为兴邦之明训乎？吾君有志于兴邦，亦于斯言加之意而已。"

定公又问说："一言兴邦，既闻之矣。若说一句言语便可以丧亡其国者，亦有之乎？"孔子对说："丧邦，大祸也。一言之间，便未可若是而必期其祸。然亦有之。今时人有言说道：'我不是喜乐为君，只是为君时随我所言，臣下都遵奉而行，无敢违背，此乃其所乐也。'时人之言如此。自今言之，君令臣从，固无敢有违者，然也看君之所言何如。如其所言而善，有益于生民，有利于社稷，那臣下每都依着行，不敢违背，则生民必受其福，社稷必得其安，岂不是好事？如其所言

214

不善，有害于生民，有损于社稷，也都要臣下每依着行，不敢违背，则生民必受其祸，社稷必为之危，而国不可以为国矣。然则惟言莫违之一言，岂不可期于丧邦乎？"

夫邦之兴亡，非细故也，而皆始于一言。《大学》所谓一人定国，一言偾事，意亦如此。人君审其所以兴，鉴其所以亡，则可以永保天命而长守其社稷矣。

【编者按】

"为君难"：一身、一行、一念、一言、一日、一事、一时不当，便有害于国、于民；"为臣"：处于君民之间，君命不可违、民意不可伪。诚能君知其难，臣知其难，君臣互知其难，天下无可不治了。

一〇一、近治远服，近悦远来

叶公问政。子曰：“近者说，远者来。”

——《论语·子路第十三》

【张居正直解】

［叶公］是楚大夫。

叶公问政于孔子。孔子说：“为政之道，在得民心。若能使民之近者被其泽而喜悦，远者闻其风而来归，则为政之道得矣。然人心至愚而神。苟非有实心实政足以感人，而欲以欢虞小术违道干誉，则四境之内且不能服，况其远者乎？”此盖夫子言外之意也。

【编者按】

荀子有言：治近不治远。近治则远自服。政治舆论向来是由近而远辐射传播。一心正而一身治，一身治而百僚正，百僚正而万民传。四方八裔而何有不服？众不可一人户说，舆论政声却可达千家万户。

一〇二、为政欲速不达远，
见小利则大不成

子夏为莒父宰，问政。子曰："无欲速，无见小利。欲速，则不达；见小利，则大事不成。"

——《论语·子路第十三》

【张居正直解】

［莒父］是鲁邑；［速］是急速；［小利］是小小便益；［达］是通达。

昔者子夏为莒父邑宰，问政于孔子。孔子说："为政之弊有二，躁急之人，方为其事而遽责其效，这是欲速之弊。子之为政，必须推行有渐，不可欲速以求目前之效。浅狭之人，狃于浅近而昧于远大，这是见小之弊。子之为政，必须志量广大，不可见些小事功便以为得。何也？盖政以能达为贵，然必有渐而后可以达也。若欲速，则求治太急而无次第，欲其通达。反不能达矣，此所以不可欲速也。政以大成为期，所志者大，则小者有所弗顾也。若见小利，则其心已足而无远图。所得者小，而所失者大矣。此所以不可见小利也。"

盖子夏素有近小之病，故孔子以此教之，其实为政之道，不外于此矣。

【编者按】

厚积薄发，积微速成。三年不飞，一飞冲天；三年不鸣，一鸣惊人。政教功名莫不如此，都是先贤名言。而古罗马屋大维则说做得够好就是快了。新官最忌急功近利，新官上任三把火过不了火焰山，踢头三脚多会伤筋动骨。老官则最忌推诿无为。

一〇三、孔子四论士大夫才德等级

子贡问曰："何如斯可谓之士矣？"子曰："行己有耻，使于四方，不辱君命，可谓士矣。"曰："敢问其次。"曰："宗族称孝焉，乡党称弟焉。"曰："敢问其次。"曰："言必信，行必果，硁硁然小人哉！抑亦可以为次矣。"曰："今之从政者何如？"子曰："噫！斗筲之人，何足算也。"

——《论语·子路第十三》

【张居正直解】

［耻］是羞耻；［硁硁］是小石之坚确者；［小人］是局量浅狭的人，非为恶之小人也；［斗筲］是器名，所容不多；［何足算］是说不足数。

昔子贡问于孔子说："民生有四，士为之首，士之名亦难称矣。必何如，然后可以谓之士乎？"孔子说："节行乃立身之本，才略为用世之具。若于行己之间，以道义为大闲，凡非义之事，皆羞耻而不为，是大本已立矣。及其奉君命而出使于四方，则又能应对诸侯，随机达变，不至辱于君命，是其志既有所不为，而其才又足以有为，若此者，始可以谓之士也。"子贡又问说："全才不容以多得，取人不可以求备，亦有次于此而可以称为士者乎？"孔子说："士固以才行相兼为贵，然与其行之不足，宁可才之不足。若有人焉，善事其亲，而宗族皆称其为孝；善事其长，而乡党皆称其为弟；此其才虽有不足，而大本不失，亦可以为次一等之士矣。"子贡又问说："人之品类不同，一节非无可取，又有下此一等而可称为士者乎？"孔子说："人之言行，本不可以意必。然与其失之放恣，宁可失之固执。若有人焉，所言者，不择理之是非而必期于信；所行者，不问其车之可否而必期于果，是乃识量浅狭，硁硁然坚固拘小之人也。此其本末虽无足观，而亦不害其为自守之固，抑亦可以为又一等之士矣。"子贡又问说："今之从政而为大夫者何如，亦有可取者乎？"夫子叹息而鄙之说道："此辈乃猥琐之徒，譬如斗筲小器，所容无几，何足置之谈论哉！"此可见论士以才行为准，而取人以实行为先。苟有其行，则虽硁硁之小人，尤为圣门之所不弃，不然，则市井无行之徒虽有小才，不可以称为士矣。有用人之责者，宜致辨于斯。

【编者按】

孔子所言官场：一等士大夫知耻有可为之才能；二等为孝弟；三等为言信行果而固执；四等为虽当途执政但器量狭小的斗筲之徒，这种人就不足挂齿了。

一〇四、所有人都赞成的未必是好人，所有人都反对的注定是恶人

子贡问曰："乡人皆好之，何如？"子曰："未可也。""乡人皆恶之，何如？"子曰："未可也。不如乡人之善者好之，其不善者恶之。"

——《论语·子路第十三》

【张居正直解】

子贡问于孔子说："公道每出于众论。今有人焉，一乡之人都道他好，果可以为贤乎？"夫子答说："一乡未必尽善人也，而皆好此人，安知其非同流合污者乎？未可便信其为贤也。"

子贡又问说："正人多忤于流俗。今有人焉，一乡之人都憎恶他，抑可以为贤乎？"夫子答说："一乡未必尽不善人也，而皆恶此人，安知其非诡世戾俗者乎？亦未可便信其为贤

也。盖好恶之公，不在于同，而善恶之分，各以其类，与其以乡人皆好为贤，不如只以乡人之善者好之之为得也；与其以乡人皆恶为贤，不如只以乡人之不善者恶之为得也。盖善者循乎天理，今从而好之，是必喜其与己同也。不善者狃于私欲，今从而恶之，是必嫉其与己异也。既能取信于君子，又不苟同于小人，其为贤也，复何疑哉！"

此可见观人之法，徒取其同，则群情或有所蔽；各稽其类，则实行自不能掩。欲辨官论才者，尤当以圣言为准可也。

【编者按】

所有人都说他好的未必是好人，但注定是圆滑处世的"老好人"；所有人都反对的未必是坏人，但若弄到千夫所指的地步则肯定是垮台。政治所奉行的永远是"多数法则"，官场上讲的是大众的信任度与支持率，而不只是好坏对错。

一〇五、好官容易服事很难取悦，但善用人

子曰："君子易事而难说也。说之不以道，不说也；及其使人也，器之。小人难事而易说也。说之虽不以道，说也；及其使人也，求备焉。"

——《论语·子路第十三》

【张居正直解】

［事］是服事；［说］是喜悦；［器之］是随才器使；［求备］是求全责备。

孔子说："君子之人，易于服事，却难取其喜悦，何也？盖君子之心，公而恕者也。公，则好尚必以其正，人或以非理之事悦之，如声色货利之物，阿徇逢迎之事，彼必拒之而不为之说，是说之不亦难乎？恕，则用舍各适其宜，故虽持己方严，而及其使人之际，则又随材任能，惟器是适，虽一才一艺

者，皆得以进而效用于君子之前，其事之也不亦易乎？所以说君子易事而难说也。若夫小人，则难于服事，而反易以取说，何也？盖小人之心，私而刻者也。私，则好尚不以其正，惟诌谀之是甘、慢游之是好。人以声色货利之物，阿徇逢迎之事，一投其心，彼即欣然而从之矣，是说之不亦易乎？刻，则用舍不适其宜，故虽易与亲狎，而及其使人之际，则又责望无已，取必太深，不录其所长，而惟攻其所短，必求其全备而后已，其事之也不亦难乎？所以说小人难事而易说也。"

要之君子悦人之顺理，小人悦人之顺己；君子则爱惜人才，故人乐为之用，小人则轻弃人才，故正人日远而邪人日亲。天理人欲之间，每相反而已矣，用人者可不辨哉。

【编者按】

孔子此论为官场名言。好官自是一心为公而无私求，不苛责于人；小人得志者，自弄权弄势、作威作福、私欲难填。前者难以私而取悦，后者则必以私方可取悦。正因有后者所以官场世风日下代代如此，成为不绝之绝症。

一〇六、好官泰然而不傲物，
小人自恃凌人而受祸

子曰："君子泰而不骄，小人骄而不泰。"

——《论语·子路第十三》

【张居正直解】

〔泰〕是安舒自得的模样；〔骄〕是矜高放肆的模样。

孔子说："君子，小人，其存心不同，故其气象亦自有辨。君子以道德润身，是以内和而外平，心广而体胖。但见其安舒自得而已，何尝矜己傲物，而或涉于骄乎？小人以才势自恃，是以志得而意满，心高而气盛。但见其矜夸自足而已，何尝从容不迫，而有所谓泰乎？"盖泰若有似于骄，而有道之气象与逞欲者自殊；骄若有似于泰，而负势之气习，与循理者迥别。欲知君子小人之分，观诸此而已矣。

【编者按】

    底气足而心宽者自泰然坦然，不骄不傲不躁；底气不足而心小者必要在人前有种种"装严"之像，以掩饰自己的心虚，对下任权用势使气，而自无心安理得之时。

一〇七、刚、毅、木、讷，与仁相近

子曰："刚毅、木讷，近仁。"

——《论语·子路第十三》

【张居正直解】

〔刚〕是强劲；〔毅〕是坚忍；〔木〕是质朴；〔讷〕是迟钝。

孔子说："仁为心德，本人人所固有者。但资禀柔懦而萎靡者，不胜其物欲之私，文饰而口辩者，每蹈于外驰之失，其去仁也远矣。若夫刚者，强劲而不挠；毅者，坚忍而不馁；木者，质朴而无华；讷者，迟钝而不佞。这四样资质，虽未可便以为仁，而实与仁相近。何也？刚毅，则不屈于物欲，欲之分数少，自然理之分数多矣。木讷，则不至于外驰。心不驰于外，自然能存于内矣，岂不与仁相近乎？"有是质者，若能加以自强不息之学，则天理易于纯全，且将与仁为一矣，岂止于近而已哉！不然亦徒有是美质，而终不足以为仁，良可惜也。

【编者按】

刚者不屈不挠；毅者坚韧不拔；质朴无华，而非麻木；讷者，沉稳而非呆滞。能兼有此四质者足当大吏之任。

一〇八、亲和力是为人做官的一种美德外在

子路问曰："何如斯可谓之士矣？"子曰："切切、偲偲、怡怡如也，可谓士矣。朋友切切、偲偲，兄弟怡怡。"

——《论语·子路第十三》

【张居正直解】

［切切］是情意恳到的意思；［偲偲］是告戒详勉的意思；［怡怡］是容貌和悦的意思。

昔子路问于孔子说："士者，人之美称，然必何如而后可以谓之士乎？"孔子说："士之质性，贵于中和。若于行己接人之时，或径情直行，或率意妄言，或过于严厉而使人难亲，皆非所以为士也。必也切切焉情意恳到，而竭诚以相与，偲偲焉告戒详勉，而尽言以相正，又且怡怡焉容貌温和，而蔼然

230

其可亲，斯则恩义兼笃，刚柔不偏，非涵养之有素者不能也，可谓士矣。然是三者，又不可混于所施。于处朋友，则当切切偲偲以尽箴规之道；处兄弟，则当怡怡以敦天性之爱。盖朋友以义合者也，以义合者则可以善相责，苟以施之兄弟，其能免于贼恩之祸耶？兄弟以恩合者也，以恩合者，则宜以情相好，苟以施之朋友，其能免于善柔之损耶？"此可见天下有一定之道，而无一定之用，虽知其道，而不善用之，尤为德之累也，兼体而时出之，斯善矣。

【编者按】

为人须亲和，为官则更须有亲和力，令人望而生畏，见而唯恐避之不及，便是一种排斥力，而何以共事同志？张居正所言"天下有一定之道，而无一定之用"，乃天下至理名言，知道理而不善用反为身累亦是足鉴之名言。虽言真理放之四海而皆准，但时空、条件、对象、情境不同，用法自当不同，否则必受其反动。

一〇九、不教民习武而使之战如杀民

子曰："以不教民战，是谓弃之。"

——《论语·子路第十三》

【张居正直解】

孔子说："兵者，死地；战者，危事。若平素不曾教民，则民不知尊君亲上之义、攻杀击刺之方。一旦驱之于战，适足以杀其躯而已，非弃其民而何？"此章，总是见兵不可以不慎之意。盖天下虽安，忘战则危，所以古之帝王，常于太平之日，不忘儆戒之心。讲武事，除戎器，以备不虞，盖为此也。

【编者按】

孔子谈兵，实属罕见。而"不教民战，是谓弃之"，也不是居安思危的意思，而是一点惜民之心而已。张居正讲

《论语》，以帝王为特定对象，自有所牵强之处。但惜民性命的仁慈之心，则是执政不可缺失之政德。对于百姓而言，除非罪大恶极，自当以教化为主。

一一○、无能无功而受禄为耻，
不竞不傲不怨不贪为难得

宪问耻。子曰："邦有道，谷；邦无道，谷，耻也。""克、伐、怨、欲不行焉，可以为仁矣？"子曰："可以为难矣，仁则吾不知也。"

——《论语·宪问第十四》

【张居正直解】

[宪]是孔子弟子，姓原，名宪；[耻]是羞耻；[谷]是居官的俸禄。原宪问孔子说："人不可以无耻。不知何者为可耻之事？"孔子告之说："人之可耻者，莫过于无能而苟禄。如邦家有道，明君在上，言听计从，正君子有为之时也，乃不能有所建明，只空吃着俸禄。至若邦家无道，上无明君，言不听而计不从，虽卷而怀之可也，乃犹腼颜居位，只空吃着俸禄。夫君子居其位，则必尽其职，称其职，乃可食其禄。今

世治而不能有为，世乱而不能引退，乃徒窃位以素餐，贪得而苟禄，则其志行之卑陋甚矣，人之可耻，孰大于是乎？"

按：原宪为人狷介，其于邦无道，谷之可耻，盖已知之，至于际时行道，或短于设施之才，故夫子兼举以告之，乃因其所已能，而勉其所未至也。

原宪又问说："人心至虚，物欲蔽之。好胜者谓之克，自矜者谓之伐，忿恨者谓之怨，贪求者谓之欲，有一于此，皆为心累。若能于此四者，皆制之而不行焉，则人欲既遏，天理自存，斯可以为仁矣？"孔子说："克、伐、怨、欲，皆人情之易动者。今能制之而不行，是其力足以胜私，刚足以克欲，斯亦可以为难矣。若遂以为仁，则吾不知也。"

盖仁者纯乎天理，自无四者之累。今但曰不行，则不过强制其情，暂时不发而已。譬之草根不除，终当复生；火种未灭，终当复燃。倘操持少懈，宁无潜滋暗长，而不自觉者乎？是未可便谓之仁也。要之原宪之问，徒知制其流。夫子之答，是欲澄其源。惟能致力于本源，则天理渐以浑全，私欲自然退听矣，此求仁者所当知也。

【编者按】
张居正解仁，至为精透。

一一一、贪物恋家之人不合适为官

子曰："士而怀居，不足以为士矣。"

——《论语·宪问第十四》

【张居正直解】

［怀］是思念；［居］是意所便安处。

孔子说："士志于道，则居无求安，为其所志者大，不暇为燕安计也。苟于意所便安处，即恋恋不能舍，或怀于宫室器用之美，或怀于声色货利之私。则心为形役，而志以物损，处富贵则必淫，处贫贱则必移，其卑陋甚矣，恶足以为士乎？"

【编者按】

所谓"小家子气"，大概是指像有些小户穷人家孩子一样，见什么都好，都贪恋，离不开家，没有远大志向。

一一二、遇"明主"可直言高行，逢"昏君"不可以直取祸

子曰："邦有道，危言危行；邦无道，危行言孙。"

——《论语·宪问第十四》

【张居正直解】

〔危〕是正直的意思；〔孙〕是卑顺的意思。

孔子说："君子处世，其言行固当一出于正，不可少贬以徇人，然也看时势何如。如君明臣良，公道大行，此邦家有道之时也。则当高峻其言，明是非，辨邪正，而侃然正论之不屈，高峻其行，慎取与，洁去就，而挺然劲气之不回。盖道与时合，无所顾忌，故言行俱高而无害也。若夫君骄臣谄，公道不明，此邦家无道之时也，当此之时，其行固当仍旧高峻，不可少屈以失己之常，言则不妨于卑顺，不可太直以取人之祸。盖道与时违，不得不为此委曲以避害耳。"

此可见行无时而不危，君子守身之节也；言有时而可孙，君子保身之智也，然有国者而使人孙言以苟容，岂国之福也哉！

【编者按】

孔子既不倡不忠犯上，也不导人愚忠死谏，而主张为人臣者审时度势，明哲保身的中道哲学。他可以赞太伯让国，但不赞比干死谏。

一一三、郑国四贤各施己长
而无嫌无猜

子曰："为命，裨谌草创之，世叔讨论之，行人子羽修饰之，东里子产润色之。"

——《论语·宪问第十四》

【张居正直解】

〔命〕是词命；〔裨谌、世叔、子羽、子产〕都是郑大夫；〔草创〕是造为草稿；〔讨〕是寻究；〔论〕是讲论；〔行人〕是奉使的官；〔修饰〕是增损其词；〔东里〕是子产所居之地；〔润色〕是加以文采。

孔子说："郑以小国，而介乎晋楚大国之间，其势甚危。然能内抚百姓，外和诸侯，使国家安宁，而强大莫之敢侵者，则以贤才众多，而用之又各当其任故也。试举一事言之。如词命，乃有国之要务，况以小国之事大国，全赖以讲信修睦，解纷息争，则尤其要者。郑国之为词命也，以裨谌善谋，则使之创为草稿，而立其大意；然一人之识见未可以遽定也，世叔博通典故，则使之寻求故事，而以义理论断之；然虽经评驳，未必多寡适中也，又使行人子羽修饰之，而加以笔削焉；然虽经裁割，未必辞藻可观也，又使东里子产润色之，而加以文采焉。一词命而成于四贤之手，此所以详审精密，而应对诸侯，鲜有败事也。"即词命一事，而其他可知矣。

众贤毕集而各效其长，郑之能国也宜哉。然四子之贤，亦自有不可及者。观其同心共济，略无猜嫌，此不以为矜所长，彼不以为形所短，仿佛虞廷师师相让之风，非同有体国之诚意，忘己之公心者，其能若是乎？真可为人臣事君之法矣。

【编者按】

今人多各邀己功，各显己长，各攻人短，有几个人能体国忘己谦冲为怀呢？创新革命人心不可古；合作和谐人心不可二。

一一四、孔子论子产、子西、管仲

或问子产。子曰："惠人也。"问子西。曰："彼哉！彼哉！"问管仲。曰："人也。夺伯氏骈邑三百，饭疏食，没齿，无怨言。"

——《论语·宪问第十四》

【张居正直解】

[子产]是郑大夫，名公孙侨，执郑国之政二十余年，当时以为贤。

故或人问于孔子说："子产之为人何如？"孔子说："子产听郑国之政，德泽浃洽于国人，乃惠爱之人也。"

按，子产为相，政尚威严，芟除强梗，又铸刑书以禁民之非，其迹近于寡恩。然其心切于爱民，修法度而使人知所守，严禁令而使人不陷于罪辟。三年之后，国人皆歌颂之，终子产之身，郑国大治，强于诸侯，盖其实爱之及于民者深矣，故孔子以"惠人"称之。及子产死，孔子又为之垂涕曰："古之遗爱也。"

〔子西〕是楚平王之庶长子，名申。

平王卒，令尹子常以其（子西）贤，欲立之，子西不许，竟立嫡长子壬为王，又能改修其政，以定楚国，当时称之，故或人又问说："子西之为人何如？"孔子无所可否，但应之说："彼哉！彼哉！"外之之辞也。

按，楚僭称王号，凭陵周室。孔子作《春秋》，嘉桓文之功，贬楚之王号，而称子，盖以夷礼外之，子西虽贤，不过僭窃之臣耳，故曰"彼哉！彼哉！"者，盖置贤否于不足论也。

〔管仲〕是齐大夫管夷吾，相桓公霸诸侯，一匡天下；〔人也〕是说此人也；〔伯氏〕亦齐大夫；〔骈〕是伯氏所封之邑，有三百户，盖大邑也；〔疏食〕是粗饭；〔没齿〕是终身。或人又问："管仲之为人何如？"孔子说："此人也其功足以服人者也。昔齐大夫伯氏有罪，桓公夺其所封之骈邑三百户，以封管仲。伯氏后来穷约，饭食粗饭，以至终身，曾无怨言。夫夺人之有，人之所不堪也；夺之而致其穷约终身，尤人之所不堪也。乃伯氏安焉终不以为怨，苟非有以深服其心，岂能如此。观此而管仲之功可知矣，是则管仲之为人也。"

按：子产、子西、管仲三人，皆春秋之名臣，然当时议论犹有未定，子产以法严而掩其德爱，管仲以器小而昧其大功，子西以能让千乘之国，而盗一时之名，非夫子一言以定其人品，则万世之公论几不白矣。此人之所以为难知，而论人者当以圣言为准也。

【编者按】

孔子向来崇王道反霸道，所以多称二帝三王，而以言五霸为耻。而此处能对管子有如此之评价，实属不易；子产治邦虽行法治，但不苛刑害民而爱民，与孔子的王道思想殊途同归，是孔子最为称道的。楚国子西让国的行为是合于仁的，但因楚不服周命，所以孔子不加可否。

一一五、卫大夫文子荐家臣与己同列于朝

公叔文子之臣大夫僎，与文子同升诸公。子闻之曰："可以为文矣。"

——《论语·宪问第十四》

【张居正直解】

[公叔文子]是卫大夫公孙拔，其后谥为贞惠文子；[公]是公朝。

昔卫之大夫有名僎者，先为公叔文子家臣，文子因其贤，遂荐之于君，而与己为同僚。夫子闻此事而称美之，说道："谥法'文'之一字，最为美称，非其平生有才德行美者，不足以当之。今公叔之得谥为文，我固不知其他，然只就这一件观之，是即可以为文矣。夫知贤而能荐，明也；拔之家臣之贱，而升之公朝之间，公也；惟知为国用贤，不嫌名位之逼，

忠也。一事而三善备焉，谥之曰文，夫何愧乎？"

按，臧文仲不荐柳下惠，则夫子讥其为窃位，公叔文子荐家臣僎，则夫子称其可为文。是可见，荐贤为国，乃人臣之盛节，以人事君者，所当知也。

【编者按】

此篇可为所有当途主官者鉴，能提拔自己的下属与自己比肩同列于官场，非大襟怀、大智慧者怎么可能？管财务的不要忌他人挣的钱比自己多；管人事的不能忌他人比自己升得快；当官的不能一辈子"天王盖地虎"压着自己的同事、下属不提拔，更何况做事总要有帮手，有替手才行。

一一六、卫灵公无道而不亡
因有贤臣在朝

子言卫灵公之无道也。康子曰："夫如是，奚而不丧？"孔子曰："仲叔圉治宾客，祝鮀治宗庙，王孙贾治军旅。夫如是，奚其丧？"

——《论语·宪问第十四》

【张居正直解】

［康子］是鲁大夫季康子。

昔孔子在鲁，曾谈及卫灵公无道之事。盖其彝伦不叙，纲纪不张，在当时诸侯中最为失德，故夫子言之。季康子因问说："人君有道则兴，无道则亡。卫灵公既无道如此，何故能终保其位，而不至于丧亡乎？"孔子答说："灵公虽是无道，然却有件好处，他平生最善用人。如仲叔圉长于言语者也，则用之以接待宾客，应对诸侯；祝鮀熟于礼文者也，则用之管宗庙祭祀之事；王孙贾长于武事者也，则用之以治军旅，居将帅之任。夫治宾客得其人，则朝聘往来，无失礼于邻国，而不至启衅召祸矣。治宗庙得其人，则祀事精处，神人胥悦，而人心有所系属矣。治军旅得其人，则缓急有备，而敌国不敢窥矣。这三件，乃国之大事，皆择人以任之，而用之又各当其才，此所以内外咸理，而国家可保也。灵公虽无道，何由便至于丧亡哉？"

夫卫灵以无道之君，得人而任之，尚可以保国，况于有道之世，得天下之贤才而善用之乎？所以说君子在朝，则天下必治，人主为社稷计者，宜知急亲贤之为务矣。

【编者按】

为上官者，贵在会用人。如能用得其人，自可垂衣而治。一等的官用人治事；二等的官任一己之力治事；三等的官既不任人，也不任力，只知任权。

一一七、不惭之大言切勿轻信

子曰："其言之不怍，则为之也难。"

——《论语·宪问第十四》

【张居正直解】

［怍］是惭愧。

孔子说："凡人放言易，力行难。故躬行君子，每切其言而不敢易。若或轻肆大言，高自称许，略无惭愧之心，这等的人，考其所行，必不能相顾，徒妄言以欺人耳。其为之也，不亦难乎？"所以君子贵夫实胜，而听言者又当观其行也。

【编者按】

说易行难，讲的人要给自己留余地，有分寸，免得不好收场；而听者则对轻言、大言者多打折扣，免得血本无归。

一一八、"无为而治"的两大前提

子曰:"无为而治者,其舜也与?夫何为哉?恭己正南面而已矣。"

——《论语·卫灵公第十五》

【张居正直解】

孔子说:"自古帝王以盛德而致至治者多矣。然或开创而前无所承,则不能无经始之劳;或主圣而臣莫能及,则不能得任人之逸;是皆未免于有为也。若夫躬修玄默,密运化机,不待有所作为,而天下自治者,其惟虞舜之为君也与?盖舜之前有尧,凡经纶开创之事,尧固已先为之。舜承其后,不过遵守成法而已,下又得禹、稷、契、皋陶、伯益诸臣,以为之辅。凡亮土熙载之事,诸臣皆已代为之,舜居其上,不过询事考成而已。以今考之,舜果何所为哉?但见其垂衣拱手,端居南面,穆穆然著其敬德之容而已。"而当其时,庶绩咸熙,万邦自宁，后世称极治者必归之有虞焉。所以说无为而治者，惟舜为然也，然无为者，有虞之治，而无逸者，圣人之心。故《书》之称舜，不曰无怠无荒，则曰兢兢业业，一日二日，万几。盖无逸者，正所以成其无为也，不然，而肆然民上，漫不经心，何以有从欲风动之治哉？善法舜者，尚于其敬德任贤求之。

【编者按】

《尚书》称颂舜帝垂衣而治，拱手南面，后人亦多言无为而治之美政，怎知其两大前提：一个是有尧帝开创的规矩在先；一个是有舜任用了一批佐治的大贤继其后。为主官者真当深思何为政之首要当务，而不可妄言"无为而治"。

一一九、忠信诚敬可通行天下

子张问行。子曰："言忠信，行笃敬，虽蛮貊之邦行矣；言不忠信，行不笃敬，虽州里行乎哉？""立则见其参于前也，在舆则见其倚于衡也，夫然后行。"子张书诸绅。

——《论语·卫灵公第十五》

【张居正直解】

［行］是所行通利；二千五百家为［州］；二十五家为［里］。

子张问于孔子说："人必何如，然后能使己之所行，无往而不通利乎！"孔子说："至诚乃能感人，君子求诸在己，如使所言者忠诚信实，而绝无虚诞之辞；所行者笃厚敬谨，而不为浅躁之行。似这等诚实无伪的人，自然见者敬爱，闻者向慕，虽南蛮北貊之邦，亦将通行而无碍矣，而况其近者乎？若使言不忠信，而徒务口给以御人；行不笃敬，而徒为饰貌以相与；似这等虚诈不实的人，必然动则招尤，言则启侮，虽州里乡党之近，亦将阻碍而难行矣，而况其远者乎！行之利与不利，惟视其心之诚与不诚而已。”

[参]是参对；[倚]是倚靠；车轭叫作[衡]；[绅]是大带之垂者。

孔子又告子张说："感人以诚，固无有不动者。然这存诚工夫，不可少有间断。少有间断，则虚伪杂之，亦终不可行也。必须念念在此，而无顷刻之间。站立则见忠信笃敬之理，参对在我面前，在舆则见忠信笃敬之理，倚靠在那衡上，这等样念兹在兹，无少间断，然后所言者，句句都是忠信，所行者，事事都是笃敬，而州里蛮貊皆可行也。"盖子张务外，而不能有恒，故夫子勉之如此，于是子张即以夫子之言，书写于大带之上，盖欲常接于目而警于心，亦可谓能佩服圣人之教矣。

按此章之言，不独学者切己之事，在人君尤宜致谨，人君一言失，则天下议之；一行失，则天下背之，甚则怨之詈之。非细故也，诚能忠信笃敬，则所谓至诚与天地参者，亦不外此，而况于人乎，所以说王道本于诚意。

【编者按】

行得通，要靠脚来走，而不能空口说白话。只要不失信于民，自会通行天下，理失信于民则寸步难行。老百姓不信你，你怎么行政？强迫命令行政手段的后果多得其反动，一人之心可违，而民心不可逆行。

一二〇、史鱼直道事国如一，伯玉进退审时

子曰："直哉史鱼！邦有道，如矢；邦无道，如矢。君子哉蘧伯玉！邦有道，则仕；邦无道，则可卷而怀之。"

——《论语·卫灵公第十五》

【张居正直解】

〔史鱼、蘧伯玉〕都是卫大夫；〔矢〕是箭；〔如矢〕言其正直如射的箭一般；〔卷〕是收；〔怀〕字，解作"藏"字。

昔者，孔子周流四方，往来过卫，尝识其大夫史鱼、蘧伯玉，而知其贤，故称美之说道："直矣哉，史鱼之为人也。盖人固有自守以正，而时异世殊，或不能不委曲以随俗者，未足以为直也。惟夫史鱼，当邦家有道，可以危言危行之时，彼之忠谠刚正，无所回护，固挺然如矢之直矣。及邦家无道，方

当危行言逊之时，彼之忠说刚正，无所委徇，亦挺然如矢之直焉。"时有变迁，而守无屈挠，是乃忠鲠性成，有死无二者也，所以说直哉史鱼。

又称美蘧伯玉说道："君子哉蘧伯玉之为人也。盖人德有未成，则其进退出处之间，必有不能适当其可者，未足为君子也。今观蘧伯玉，当邦家有道，正君子道长之时也。彼则居位行志，出而见用于世；及邦家无道，乃君子道消之时也，彼则从容引去，卷而怀之焉。随时进退，各适其宜，盖庶几于圣贤之大道者也。所以说君子哉蘧伯玉。"

夫以卫之小国而得此二贤，亦可谓有人矣。惜乎灵公无道，而不能用也，是故惟圣主为能容直臣，惟治朝为能用君子，有世道之责者，当知所辨矣。

【编者按】

为官各有其道，求仁得仁，他人难以勉强。人的命运都是自己的选择，脚上的泡都是自己走的，怨得谁来？为官者自当慎择慎行之，成败得失、沉浮行藏、生死祸福都在一念之间、一择之间。

一二一、不与可谈者交流为失人；
与不可谈者谈为失言

子曰："可与言而不与之言，失人；不可与言而与之言，失言。知者不失人，亦不失言。"

——《论语·卫灵公第十五》

【张居正直解】

孔子说："人之识见，有浅深不同，而我之语默，贵施当其可。彼人有造诣精深，事理通达，这是可与言的人，却乃缄默而不与之言，是在彼有受言之地，而在我无知人之明，将这样好人不识得，岂不是失了人？若其人昏愚无识，或造诣未到，这是不可与言的人，却乃不择而与之言，在彼则不能听受，在我则徒为强聒。可惜好言语轻发了，岂不是失了言。惟夫明智之人，藻鉴素精，权衡素审，一语一默，咸适其宜。遇着可与言的人，即与之言，既不至于失人；遇着不可与言的人，即不与之言，亦不至于失言，此其所以可法也。"盖君子一言以为智，一言以为不智，智与不智，只在一言之间，言之不可不慎如此。

【编者按】

孔子说不失人、不失言是智者的标准。为官有时恰恰需要与那些不通情达理、没有造诣的人交谈。有时对牛"谈"琴也得"谈"，也不能把牛都宰了吧？靠谁种地啊？但"弹"什么，怎么"弹"却是一门艺术，真正的智者是让"牛"也能听懂"琴音"。

一二二、杀身成仁：生有所不求，死有所不避

子曰："志士仁人，无求生以害仁，有杀身以成仁。"

——《论语·卫灵公第十五》

【张居正直解】

合乎天理而当于人心者，谓之［仁］。

孔子说："好生恶死，人之常情。然有事关纲常之重，而适遭其穷者，又不得避死而偷生也。故有志之士与夫成德之人，其处纲常伦理之间，惟求以合乎天理，当乎人心，以成就吾之仁而已，使其身可以无死，而于仁又无所害，固不必轻生以犯罪矣。若身虽可免而大节有亏，则为志士仁人者，决不肯偷生苟免以害吾之仁，宁可杀身授命以成吾之仁。"盖生固可欲，而仁之可欲有甚于生，故生有所不为也。死固可恶，而不

仁之可恶有甚于死，故死有所不避也。然死生之义亦大矣，自非上为君亲之难而身系纲常之重，宁肯决死生于一旦哉？欲成其仁者，又当揆之以义可也。

【编者按】

这一条很可怕，作为真正的志士，自会权衡轻重，知道怎样成其仁，什么情况下必得舍身赴死。但老百姓却会以此而轻生，不知会枉死多少性命。只可惜如今官场的一些人也很有一点用错了地方的勇气——"杀身以成贪"，生有所不求，只求钱；为钱死也不避。古今官场前车累累，后人不可不鉴。

一二三、欲善其事先利其器；
居于其地交其贤

子贡问为仁。子曰："工欲善其事，必先利其器。居是邦也，事其大夫之贤者，友其士之仁者。"

——《论语·卫灵公第十五》

【张居正直解】

子贡问于孔子说："人之为学，必如何而后可以全其本心之德乎？"孔子说："为仁之功，固当决之于己；为仁之资，亦必有取于人。譬如百工技艺之人，将欲精善其所为之事，必先磨利其所用之器，器利而后事可精也。曲艺必有所资如此，况于为仁者乎？是以君子处于一邦之中，于大夫之贤者，则当执弟子之礼而事之，接其言论风采，以消吾之鄙吝；考其德行政事，以励吾之进修。如此，则为吾之标准者有其人，自然此心收敛谨肃，而不敢放肆矣。士之仁者，则当执交游之礼而友之。德业则相劝，以日进于仁；过失则相规，以日远于不仁，如此则为吾之夹持者有其人，自然此心观感兴起，而不敢怠惰矣。为仁之道，孰有加于此哉？"然学者资师友以成其仁，人君赖贤臣以成其德，其道一也，所以古之帝王，左右前后，莫非正人，侍御仆从，皆得进谏，无非所以防此心之放逸耳，明主宜从事焉。

【编者按】

磨刀不误砍柴工，是耕樵之人都懂的道理，但居官者多急功近利而不肯"磨刀"，甚至不惜杀鸡取卵、竭泽而渔。而懒惰的人却常以"磨刀"为名磨洋工，总磨刀不干活也是没柴烧的。

一二四、治国用三代之礼法，禁淫声远奸小

颜渊问为邦。子曰："行夏之时，乘殷之辂，服周之冕，乐则《韶》舞。放郑声，远佞人。郑声淫，佞人殆。"

——《论语·卫灵公第十五》

【张居正直解】

［时］是时令；［辂］是大车；［冕］是朝、祭服之冠；［《韶》］是舜乐；［郑声］是郑国之音；［佞人］是卑谄辩给之人。

昔颜渊有志于用世，因问为邦之道于孔子。孔子答之说："治莫善于法古，道尤贵于用中。自昔帝王之兴，必改正朔。周正建子，盖取天开于子之义。商正建丑，盖取地辟于丑之义。夏时建寅，盖取人生于寅之义。然治历明时，本以为民，

则夏以寅月为岁首，于人事切矣。故欲改正朔者，当行夏之时。大辂之制，其来久矣，后世饰以金玉，则过侈而易败。惟殷之辂，但以木为之，朴素浑坚，既可经久，而贵贱之间，等威又辨，此质而得中者也。故乘辂之制，有取于殷焉。冠冕之服，始于黄帝，而文采未著。惟周之冕，华不为靡，费不及奢，盖文而得中者也。故服冕之制，有取于周焉。帝王之兴，皆有乐舞，以象成功。历代作者非一，而尽善尽美，则莫有过于舜之《韶》乐者，故乐当用《韶》舞焉。至于郑国之声，则禁绝之，勿使其接于耳，便佞之人，则斥远之，勿使其近于前。何也，盖郑声邪辟淫泆，听之使人心志淫荡，故不可不放也；佞人变乱是非，近之足以覆人邦家，故不可不远也。"

夫既酌三代之礼，而法其所当法，又严害治之防，而戒其所当戒，则治国之道大备于此矣。颜子有王佐之才，故孔子以是告之。至于郑声、佞人，实万世之明戒。盖有治则有乱，世之治也，以礼乐法度维持之而不足，其乱也，以声色佞幸败坏之而有余。是以尧舜犹畏孔壬，成汤不迩声色，诚所以绝祸本而塞乱源也。《书经》上说："不役耳目，百度维贞。"保治者宜留意焉。

【编者按】

治国之道，一言以蔽之：曰正。无过无不及为正；不偏不倚之中者为正；不近小人不用非礼为正；而为官者须得心正、念正，方有美政、治政。

一二五、人无远虑，必有近忧；
菩萨惧因，众生怕果

子曰："人无远虑，必有近忧。"

——《论语·卫灵公第十五》

【张居正直解】

孔子说："天下之事变无常，而夫人之思虑贵审。故智者能销患于未萌，弭祸于未形者，惟其有远虑也。若只安享于目前，而于身所不到处，通不去照管，苟且于一时；而于后来的事变，通不去想算。这等无远虑的人，其计事不审，防患必疏，自谓天下之事，无复可忧，而不知大可忧者，固已伏于至近之地，几席之下，将有不测之虞，旦夕之间，或起意外之变矣。是故圣帝明王，身不下堂序，而虑周四海之外，事不离日用，而计安万年之久，正有见于此也。"

【编者按】

三国时，算卦人说东吴三十年后有大劫难，必衰亡，孙权听后却说：那是儿孙们的事了，我顾不到那么远了。岂不知几十年不过瞬间之事，所有远祸、后患都是近忧，都由先缘前因所构。所以有"菩萨惧因，众生怕果"之说。当官之人尤须日日重因，便自不必怕果。

一二六、孔子为何如此绝望

子曰："已矣乎！吾未见好德如好色者也。"

——《论语·卫灵公第十五》

【张居正直解】

［已矣乎］是绝望之词。

孔子说："秉彝好德，人之良心。人固未有不好德者，然须见而好，好而乐，如好好色般，方是心诚好德。乃今之人，见德者，未必能好，好德者，未必能乐。或外亲而内疏，或阳慕而阴忌，求其能如好色之诚者。已矣乎，吾终不得见其人矣。"

孔子此言，所以激励天下，欲其移好色之心以好德也。

【编者按】

好美之心，是人的天性。而德与色则都是一个美字。所以孟子讲：人之初性本善；孔子自讲"食色性也"。所以好德好色都是天性。天性是难泯灭的。孔子何必绝望？人性终归美好。而当官掌权者首当忌色，好色者必贪，有多少前车之鉴，怎么就视而不见？利令智昏、色令智昏。一旦进入"权、钱、色"三方连续世界中人，任你道行多高，一具血肉之躯也终化作一滩血水。

一二七、知贤不荐，如同窃位

子曰："臧文仲其窃位者与？知柳下惠之贤，而不与立也。"

——《论语·卫灵公第十五》

【张居正直解】

［臧文仲］是鲁大夫；［柳下惠］是鲁之贤人；［窃位］是无德而居乎其位，如偷盗的一般。

孔子说："人臣居乎其位，当求无愧于心，若鲁大夫臧文仲者，其盗窃官位而据之者欤？何也？盖朝廷官位，以待才贤。是以君子居其位，不但自己尽心供职，以求称其位，又当荐引天下贤才，以布列于有位，而后谓之忠。彼臧文仲者，明知柳下惠是个贤人，便当荐之于君，以为国家之用可也，却不能汲引荐拔与己并立于公朝，而使之终身困厄于下位。夫不知其贤犹可诿也，既知其贤而故弃之，推其心，盖惟恐贤者进用夺了他这位子一般，是以嫉贤妒能之私，为持禄固宠之计，非窃位而何？"夫人臣蔽贤而不举，则为窃位，使人臣举之而君不能用，岂不亦有负于大君之任哉？

【编者按】

此语一针见血、入木三分。为官大贤大能者，没有不爱才惜才、求贤若渴、荐贤举贤不遗余力，有如提拔自家子弟一般。而那些无能者则必嫉贤妒能，视部下贤能者如寇仇。而此种人不但终无作为成就，且塌台必快。

一二八、严己宽人，自远积怨

子曰："躬自厚而薄责于人，则远怨矣。"

——《论语·卫灵公第十五》

【张居正直解】

[躬]字，解作"身"字；[躬自厚]是责己者厚。

孔子说："常人之情。恕己则昏，责人则明，此怨之所由生也。诚能厚于责己，而薄于责人，如道有未尽，只就自家身上点检，而于人则每存恕心，初不强其所未能；如行有不得，只就自家身上反求，而于人则曲为包容，初不责其所不及。夫责己厚，则其身益修；责人薄，则于人无忤。如是，人将爱敬之恐后矣，怨其有不远者哉？"此修己待人之法，古帝王检身若不及，与人不求备，正此意也。

【编者按】

马基雅维里说，人们怕谁、恨谁就一定会打倒他。而怕由威严强霸所慑，恨则由怨而起。而远怨的办法只有一个严以律己，宽以待人。

一二九、不说如何如何者无奈其何

子曰:"不曰'如之何,如之何'者,吾末如之何也已矣。"

——《论语·卫灵公第十五》

【张居正直解】

[如之何,如之何]是熟思而审处之辞;[末如之何]是无奈他何的意思。

孔子说:"人之于事,必须思之审,而后处之当。若于临事之际,不仔细思量反覆裁度,说此事当如何处置,此事当如何处置,却只任意妄为,率尔酬应,似这等的人,于利害是非,全无算计,虽与之言,彼亦不知,任之以事,必至债事。我将奈之何哉?"

于此见天下之事,必虑善而后动,斯动罔弗臧,计定而后举,斯举无弗当,亦谋国者所当知也。

【编者按】

领导者首先是决策者，临事自当有主见、正见，处置得当。最忌有二：其一，态度不明确，下属没法执行；其二，态度明确，却是错的，必然处置失当。

一三〇、花言足乱视听，小不忍则乱大谋

子曰："巧言乱德，小不忍则乱大谋。"

——《论语·卫灵公第十五》

【张居正直解】

孔子说："凡持正论者，多尚实不尚文。惟那舌辩巧言的人，以是为非，以非为是，以贤为不肖，以不肖为贤。听其言，虽若有理，而实不出于天下之公。一或误听之，则真伪混淆，而聪明为其所眩，是非倒置，而心志为其所移，适足以乱德而已。至若谋大事者，必有忍乃有济，使或小有不忍，而任情动气，当断不断，而以妇人之姑息为仁；不当断而断，而以匹夫之果敢为勇。如此，则牵于私爱，或以优柔而养奸，激于小忿，或以轻躁而速祸，适足以乱大谋而已。"然则人之听言处事，可不戒其意向之偏，而约之义理之正哉？

"忍"字,心上一把刀。忍让,忍耐,忍气吞声,都是一件很难受的事。但为了消灭老鼠而把自己屋子烧掉,这样的事,傻子都不会干。其实,有许多事连忍字都不用,根本就不动气,就当没发生,不更好吗?

一三一、人能弘道，道不弘人

子曰；"人能弘道，非道弘人。"

——《论语·卫灵公第十五》

【张居正直解】

〔弘〕是廓大的意思。

孔子说："有此人，则有此道。道固不外于人，然人心有觉，而道体无为，故率其性分之所固有者，廓而大之，以修身齐家治国平天下，极之而至于参天地，赞化育，都是这个道理发挥出来，所以说人能弘道也。若道，则寓于形气之中，而泯乎见闻之迹，不得人以推行之，则虽有修齐治平之能，参赞弥纶之妙，亦无由而自见矣，道岂能以弘人乎哉？"

夫人能弘道，则道所当自尽，非道弘人，则人不可自诿矣。然弘之一字，其义甚大。理有一之未备，不叫作弘。化有一之未达，不叫作弘，故语修己必尽性至命，语功业必际天蟠地，斯足以尽弘字之义也，体道者可不勉哉？

【编者按】

孔子此语，只能从人的主观能动性上来理解，人、道之间，人自是主体、载体，但"道"的得失却在决定人的"大"、"小"，怎能说"非道弘人"呢？

一三二、"过错"：有过不改方为错

子曰："过而不改，是谓过矣。"

——《论语·卫灵公第十五》

【张居正直解】

［过］是过差。

孔子说："人之学问工夫，未到精密的去处，其日用之间，岂能无一言之差，一事之失。但知道是自己的不是，随即改了，则可复于无过矣。若遂非文过，惮于悛改，则无心之差，反成有心之失。一时之误，遂贻终身之尤，其过将日积而不及改矣，可不戒哉？"

于此见人固以无过为难，而尤以改过为贵。故大舜有予违汝弼之戒，成汤有改过不吝之勇，万世称圣帝明王者必归焉，自治者当以为法。

人的过错改不改都是错。改了便只是一错，不改便有再错，直至终身之错。是以人万不可文过饰非，错了就是错了，改正是了。领导者能主动认错、改错、纠错，是会感动人的。旧社会的皇帝都常下罪己诏，我们有什么办不到的呢？

一三三、道同者心同，道不同不相为谋

子曰："道不同，不相为谋。"

——《论语·卫灵公第十五》

【张居正直解】

〔谋〕是谋议。

孔子说："人必道同而后其心同，心同而后可与谋议。若各人行的道路不同，则心术异趣，意见相反，与之商量计议，必乖违而阻格矣，是岂可相与为谋哉？"凡图议国事，与讲明学术者，皆不可以不慎矣。

【编者按】

虽然如是说，但为官者必得存异求同，包容大度，虽不得同道同志同心，亦当努力求得同事同行。若不得同行者，则当请其出局，不为党私，须对事业负责。

一三四、词以达意为主，多言便是废话

子曰："辞达而已矣！"

——《论语·卫灵公第十五》

【张居正直解】

〔辞〕是词命之类。

孔子说："凡宣上达下，与夫聘问酬答之类，皆必有赖于文辞，然古之为辞者，但以其意有所在，无以相通，不能不发之而为言。言之无文，行之不远。不能不修饰而为辞。是辞也者，取其达吾之意而已，意尽而止，何必为虚谈浮辞，而以富丽为工哉？"盖是时周末文胜，真意日漓，故孔子言以救其弊也。

　　领导讲话一定要讲清楚，要让人听明白。不是为了炫耀自己的文才、口才，不要讲官话、套话、长话，这都是废话。讲清你要解决的问题，说清大家关心的问题，指出存在的问题与解决的方法是了。何须多言？

一三五、孔子所教：领导者就是"导盲"服务

师冕见，及阶，子曰："阶也。"及席，子曰："席也。"皆坐，子告之曰："某在斯，某在斯。"师冕出。子张问曰："与师言之道与？"子曰："然。固相师之道也。"

——《论语·卫灵公第十五》

【张居正直解】

　　［师］是掌乐之官；［冕］是乐师之名，盖瞽目人也。古时乐师多用瞽者，以其听专能审音也。

　　昔乐师名冕者，来见孔子，孔子出而迎之。方其至阶，则告之说："这是阶。"使之知而升也。行到坐席边，则告之说："这是席。"使之知而坐也。及众皆坐定，又历举在座之

人以告之说："某人在此，某人在此。"使之知同坐者姓名，便于酬对也。

当时及门之徒，于夫子一言一动，无不用心省察。故师冕既出，而子张问说："师冕一瞽目之人，而夫子待之委曲周详如此，其所与之言者岂亦有道存于其间欤？"夫子告之说："然。古者瞽必有相，随事而告诏之，使不迷于所从，我之所言，固相师之道也。"要之圣人矜不成人之情动于中，故扶持教导之宜详于外，乃其盛德之至，自然而然。岂作意而为之哉？而其范围曲成，欲使天下无一物不得其所之心，于此亦可见矣。

【编者按】

天下众生，平庸者居多，所"盲"之处比比皆是，之所以要有"领导"一职一词，就是要他给大家领路、导"盲"。盲人尚有导盲犬、问路杖，拉杆者，上古时代的导盲者就称之为"相"——辅臣。领导者则必须耐心于员工、群众的诸多"盲区盲点"，把事说清，把理讲明，把路指正，还要自己走在前面。这是"领导"二字的题中应有之义，也是领导者的基本职责。——你就是干这个的，"领导就是服务"不是口号，而是实质。仔细思量着，为官不易，为民为"盲"者就更不易。

一三六、陈力就列不能者止；
虎兕出柙，监者有责

冉有曰："夫子欲之，吾二臣者皆不欲也。"孔子曰："求！周任有言曰：'陈力就列，不能者止。'危而不持，颠而不扶，则将焉用彼相矣？且尔言过矣，虎兕出于柙，龟玉毁于椟中，是谁之过与？"

——《论语·季氏第十六》

【张居正直解】

［夫子］指季氏说；［周任］是古之良史；［陈］字，解作"布"字；［列］是位；［相］是导引瞽目的人；［兕］是野牛；［柙］是关兽的栏槛；［龟］是占卜的宝龟；［椟］是柜。

冉有因夫子责其伐颛臾之非，遂为自解之词，说道："颛臾之伐，乃出于季氏之意，非我二臣所愿欲也。"夫既身与其事，而又归咎于人，冉求之文过饰非，其罪愈大矣。故夫子又呼其名而折之说："这事你如何推得？昔周任有言说道：'为人臣者，能展布其力，则可就其位。若有事不能赞襄，有过不能匡救，而力不得展，便当知止引去。'不宜观颜居乎其位，譬如瞽目的人，全赖那相者为之扶持，而后能免于颠危，苟倾危而不能持，颠仆而不能扶，则何用彼相者为哉？今汝为季氏之臣，伐颛臾之事，若果不欲，便当谏，谏不听，便当去；乃既不能谏，又不能去，徒观颜居位，坐视季氏之有过而不为扶持，亦将焉用汝为哉？且你推说这事情不干你事，此言差矣。比如虎兕猛兽，若不在栏槛中，走了；龟玉重宝，若不在箱柜中，坏了，固不干典守者之事。若虎兕已入于栏内，而致令走出；龟玉已收在柜中，而致令毁坏，此非典守者之责而谁与？今汝既为季氏之臣，居中用事，就如典守器物的人一般，乃任其妄为胡做，不为匡救，到这时节，却推说不是我的意思，其罪将谁诿欤？"夫子欲冉有服罪而改图，故切责之如此。

【编者按】

张居正此段译解相当精彩。清乾隆出巡时，接到地方叛乱的军报后，只说了一句"虎兕出于柙"，随臣都不知何意而无语，唯和珅在侧应声而答："监者有其责"，令乾隆龙颜大悦，更加赏识和珅。和珅肯定熟读张居正之解。为官要得上司赏识恩宠，总得有过人之处，和珅虽以溜须拍马著名于史，但也自有他人不及之才学。

孔夫子说：陈力就列，不能者止；危而不持，颠而不扶，则将焉用彼相矣？此言所有为官者都当铭记：为官者、为辅臣（相）者，对上、对下都有持危扶颠的导盲（相）责任，如果做不到，没这个能力就该辞职，这就是"陈力就列，不能者止"的意思。

"危而不持，颠而不扶"，则是说，导盲人在盲人要摔倒时，你不去把持他；跌倒了你不去扶起他，那要你何用呢？为官千万别把自己当主子。

一三七、国家不患寡患不均，
不患贪患不安

冉有曰："今夫颛臾，固而近于费。今不取，后世必
为子孙忧。"孔子曰："求！君子疾夫舍曰欲之，而必为
之辞。丘也，闻有国有家者，不患寡而患不均，不患贫而
患不安。盖均无贫，和无寡，安无倾。"

——《论语·季氏第十六》

【张居正直解】

［费］是季氏的私邑。

昔冉有因夫子反复折之，理屈词穷，又设词支吾说道："季
氏之欲取颛臾，非有他也，只为颛臾的城郭完固，而又近于己
之费邑耳。固，则在彼有难克之势；近，则在我有侵凌之
虞。若失今不取，后世子孙必有受其害者，此所以不得不

伐也。"

冉有此言，不惟自解，且欲为季氏遮饰矣。故孔子又呼其名而责之说："君子最恶那心里贪图利欲，却乃舍之不言，别为饰词以欺人的人。今季氏之伐颛臾，明是贪其土地人民之利，你却替他遮饰，说是为后世子孙忧，岂非君子之所深恶哉？且丘也尝闻有国而为诸侯，有家而为大夫者，不患人民寡少，而患上下之分，不得均平；不患财用贫乏，而患上下离心，不能相安。盖贫由于不均，若上下之分，既均平了，则君有君之入，臣有臣之入，各享其所当得，而彼此皆足，何贫之有？寡生于不和，若上下均平，既和睦了，则诸侯治其国，大夫治其家，各分其所当理，而不须增益，何寡之有？如此，则君之心安于上，而不疑其臣；臣之心安于下，而不疑其君。君臣相安，则衅孽不萌，祸乱不作，而自无倾覆之患矣。由此观之，有国家者，贫与寡不足患，而不均不和所当患也。汝为季氏谋，乃不务其所当务，而患其所不必患，岂计之得者哉？"

【编者按】

孔子此时一定想暴打冉有一顿，因为他为自己干坏事寻理由，又为季氏开脱。孔子的"不患寡""不患贫"而患不均、不安，可为官者戒。

一三八、远人不服以德召之；
既来之，则安之

"夫如是，故远人不服，则修文德以来之。既来之，
则安之。今由与求也，相夫子，远人不服而不能来也，邦
分崩离析而不能守也，而谋动干戈于邦内。吾恐季孙之
忧，不在颛臾，而在萧墙之内也。"

——《论语·季氏第十六》

【张居正直解】

这〔夫子〕也指季氏说；是时鲁国公室四分，家臣屡叛。
所以说〔邦分崩离析〕；〔萧墙〕是门内的屏墙，言其近也。

孔子说："为国之道，内治既修，外患自息。若能均而无
贫，和而无寡，安而无倾，则不但近者悦之，虽远方之人，亦
将向风慕义而，来服矣。设有不服，亦不必勤兵于远，但当布

教化，明政刑，益修吾之文德以怀来之。及其来归，则顺其情，因其俗，抚绥爱养，以保安之。这是柔远能迩、安定国家的大道理。今由与求也，同为季氏之辅，全无匡弼之忠。外则远人不服，既不能修文德以来之，内则国势分崩，又不能修内治以守之。而乃谋动干戈于邦内，贪远利而忽近防，上下离心，内变将作，吾恐季孙之忧，不在颛臾，而在萧墙之内矣，可不戒哉？"按夫子此章，反复论辩，虽明正门人长恶之罪，实阴折季氏不臣之心，所以强公室、杜私门者，意独至矣。

【编者按】

　　远人不肯归服，就以德来感召之；既然来了，就要安顿好，让他们有安全感。否则就会存在变生肘腋之患。这些关系都须为官者摆平，一方面处理不好，家国便难得安宁。

一三九、政出多门，令自下出，
没有不垮台的

孔子曰："天下有道，则礼乐征伐自天子出；天下无道，则礼乐征伐自诸侯出。自诸侯出，盖十世希不失矣；自大夫出，五世希不失矣；陪臣执国命，三世希不失矣。天下有道，则政不在大夫。天下有道，则庶人不议。"

——《论语·季氏第十六》

【张居正直解】

［希］字，解作"少"字；［陪臣］即家臣；［国命］是国之命令。

孔子说："天下，势而已。势在上则治，势在下则乱。礼乐征伐，乃人君御世之大柄。天下有道，君尊臣卑，体统不紊，则礼乐征伐之权，都自天子而出，礼出于天子所制，乐出于天子所作。诸侯有罪者，天子乃命将而征伐之，为臣下者，不过奉行其命而已。谁敢有变礼乐专征伐者乎？惟是天下无道，君弱臣强，下陵上替，于是礼乐征伐之权，不出自天子，而出自诸侯矣。夫上下之分明，然后民志定，而不敢相逾越。若诸侯既可以僭天子，则大夫亦可以僭诸侯。故政自诸侯出，则大夫必起而夺之，大约不过十世，鲜有不失其柄者也。大夫既可以僭诸侯，则陪臣亦可以僭大夫。故政自大夫出，则陪臣必起而夺之，大约不过五世，鲜有不失其柄者也。以陪臣之微，而操执国命，则悖逆愈甚，丧亡愈速，大约不过三世，鲜有不失其柄者矣。"

考春秋之时，五伯迭兴，世主夏盟，是政自诸侯出矣；六卿专晋，三家分鲁，是政自大夫出矣；阳虎作乱，囚逐其主，是陪臣执国命矣。周天子徒拥虚名，政教号令，不及于天下久矣。夫子言此，盖伤之也。然则人君威福之权，岂可使一日不在朝廷之上哉？

"天下有道"这句是承上章说："天下无道，而僭乱纷纷并起者，只因朝廷之上，政失其御而已。若天下有道，乾纲振举，凡政教号令，件件都在人君掌握之中，为大夫者，虽佐理赞襄于下，然主张裁夺，都请命于上，而非其所得专也，上下相维，体统不紊，有道之世固如此。然天下大权，固当归之于上，而上之御下，又不可徒恃其势之足以服人也，必有以服其心而后可。故天下有道，则朝政清明，凡用舍举措，事事都合乎天理，当乎人心，就是那庶民百姓，也都安其政令，服其教化，无有非议之言矣，议且不敢。而况敢有僭乱者乎？"

然天下有公议，有私议，公议可畏也，私议不可徇也。在上者，惟自反其所为，果有悖于道理，有拂乎人心，则虽匹夫匹妇之言，犹有不可忽者焉。若使其所为，一出于大公至正，而在下者，敢为私议以沮挠摇惑之，是坏法乱纪之民，刑戮之所必加也，何徇之有？此又在上者所当知。

【编者按】

枝大披心，尾大不掉。执政者当读马基雅维里的《佛罗伦萨史》与国人所写的《康熙传》。一国之内，绝不可培植起特殊家族、特权阶层；一党之内，绝不允许出现私党集团。否则便会国无宁日。

一四〇、孔子失言于"牛刀割鸡"

子之武城，闻弦歌之声。夫子莞尔而笑，曰："割鸡焉用牛刀？"子游对曰："昔者偃也闻诸夫子曰：'君子学道则爱人，小人学道则易使也。"子曰："二三子，偃之言是也，前言戏之耳。"

——《论语·阳货第十七》

【张居正直解】

〔武城〕是邑名，在今山东兖州府地方；〔莞尔〕是小笑的模样；〔偃〕是子游的名；〔君子〕是有位的人；〔小人〕是细民。

昔孔子行到武城县中，听得处处琴瑟歌咏之声。盖是时子游为武城宰，方以礼乐为教，故邑人皆弦歌也。夫子见当时皆不能用礼乐为治，而子游独能行之，故骤闻而深喜之。遂莞尔而笑说："言偃所治者小邑，何必用此礼乐之大道？譬如杀鸡者，何必用屠牛之大刀乎？"子游不知夫子之意，乃对说："昔者尝闻夫子说道，道本切于身心，人能学之，则各有所益。如在上的君子，治人者也，若使学道而有得，则能养其民胞物与之心，而推以爱人，是君子不可以不学道也。在下的小人，治于人者也，若使学道而有得，则能明乎贵贱尊卑之分，而易于驱使，是小人不可以不学道也。夫子此言，偃尝佩服之久矣。今日武城虽小，安敢鄙其民而不教之以礼乐乎？"夫子因子游未喻其意，遂呼门人而告之说："二三子听之，言偃之言诚为当理，我前割鸡不用牛刀之言，特戏之耳。岂真谓小邑不可以大道治之哉？"盖深嘉子游之笃信，又以解门人之惑也。

【编者按】

为人师长、上司者不可与下属开不当之玩笑，尤其是引发误解、误会的玩笑，更是开不得的。

一四一、能行五者于天下可当途执政

子张问仁于孔子。孔子曰："能行五者于天下，为仁矣。""请问之。"曰："恭、宽、信、敏、惠。恭则不侮，宽则得众，信则人任焉，敏则有功，惠则足以使人。"

——《论语·阳货第十七》

【张居正直解】

［侮］是侮慢；［任］是倚仗的意思。

子张问为仁的道理于孔子。孔子教之说："仁道虽大，不外于心。心德之要，凡有五件。若能于此五者，体验扩充于身心之间，推行运用于天下之大，则其心公平，其理周遍，天德全而仁在是矣。"

子张因请问其目，孔子说："所谓五者，一是恭敬，二是宽容，三是信实，四是勤敏，五是惠爱。其名虽异，都是心德之所散见，缺一不可言仁者。然五者亦人所同具，有感必通的。诚能恭以持己,则在下的人自然畏惮、尊仰而无敢侮慢矣。宽以容众,则在下的人自然心悦诚服而归服于我矣。言行一于诚信,则人都依靠着我而无所疑贰矣。行事勤敏快当,则所为无不成就而动必有功矣。恤人饥寒,悯人劳苦,而恩惠及人则感吾之恩者莫不尽心竭力,乐为我用矣,又岂不足以使人乎?"五者之效如此,汝能兼体而力行之,则天德流通,物我无间,而仁之体用皆备矣,可不勉哉?

【编者按】

能具此五德且能行于天下者,岂止可称为仁,而是足以当途为官。且为官者若能做到恭、宽、信、敬、惠,也自是好官。

一四二、色厉内荏者如剜墙盗洞之贼

子曰："色厉而内荏，譬诸小人，其犹穿窬之盗也与？"

——《论语·阳货第十七》

【张居正直解】

[厉]是威严；[荏]是柔弱；[穿窬]是剜墙凿壁为窃盗之事者。

孔子说："人必表里相符，然后可谓之君子。今有人焉，观其外貌，则威严猛厉，似乎确然有守，毅然有为的人，而内实懦弱，见利而动，见害而惧，全无执持刚果的志气。这等的人中实多欲，而貌与心违，譬之小人，就如盗窃一般。黑夜里剜墙凿壁偷了人家财物，外面却假装个良善的模样，惟恐人知，岂不可耻之甚哉？"孔子深恶作伪之人，故儆之如此。

【编者按】

官场最忌表里不一，官场有时又需要"表里不一"。仔细思量着，官人们。表里是不可或缺的，一与不一也是不可或缺的。而无论"表"如何，而"里"则不可离正，否则就会出问题；而不管"表"如何，必须要把握好分寸。

一四三、患得患失的"鄙夫"不可共事

子曰："鄙夫可与事君也与哉？其未得之也，患得之。既得之，患失之。苟患失之，无所不至矣。"

——《论语·阳货第十七》

【张居正直解】

　　[鄙夫]是庸恶陋劣之人；[患]是忧患。

　　孔子说："为人臣者，必有忘身之诚，而后可以语事君之义。有一等鄙夫，其资性庸恶，全无忠义之心，识趣陋劣，又乏刚正之节，若此人者，岂可使之立于朝廷之上而与之事君也与哉？何也，盖所贵于事君者，惟知有君而不知有身也。乃鄙夫之心止知有富贵权利而已。方其权位之未得，则千方百计徼幸营求，汲汲然惟恐其不得之也。及其权位之既得，则千方百计系恋保守，兢兢然惟恐其或失之也。夫事君而一有患失之心，则凡可以阿意求容，要结固宠者，将何事不可为乎？小则卑污苟贱，丧其羞恶之良；大则攘夺凭陵，陷于悖逆之恶，皆生于此患失之一念而已，以此人而事君，其害可胜言哉？"然君臣之义本无所逃，而忠君爱国之臣，亦鲜不以得君为念者，但忠臣志在得君，鄙夫志在得禄。忠臣得君，志在任事，鄙夫得君，志在窃权。心术之公私少异，而人品之忠奸顿殊，明主不可不察也。

【编者按】

官场之上患得患失于"乌纱帽"的人，不但可鄙，而且很卑下，为了保住官位，什么事都干得出来。而官人哪里知道，"乌纱帽"哪里是"保"得住的？干好事的，事做得好的，别人想摘也摘不掉；否则想保也保不住。

一四四、古今狂、廉、愚"三疾"之不同

子曰："古者，民有三疾。今也，或是之亡也。古之狂也肆，今之狂也荡；古之矜也廉，今之矜也忿戾；古之愚也直，今之愚也诈而已矣。"

——《论语·阳货第十七》

【张居正直解】

［疾］字解作"病"字。凡人气失其平，则致病，故人之气质有偏者，亦谓之病；［亡］字与有无的"无"字同；［狂］是志愿太高的人；［肆］是不拘小节；［荡］是放荡；［矜］是持守太严的人，即狷者也；［廉］是棱角峭厉；［忿戾］是忿争乖戾；［愚］是昏昧不明的人；［直］是直憨；［诈］是虚诈。

孔子叹说："人之气禀中和者少，偏驳者多。一有偏驳，则行有疵病而谓之疾。然古之时，风气纯厚，其中虽有三样资

禀偏驳、过中失正的人，然皆质任自然，本真犹未甚凿也。今则淳者日入于漓，厚者日趋于薄，不但气禀中和者绝不复见，就是那三样病痛的人，或者也没有了。盖古之人，有志愿太高，锐意进取的，这是狂之疾。然其狂也，不过志大言大，不拘小节，肆焉耳矣。若今之所谓狂者，则不顾礼义之大闲，纵放于规矩之外，而流于荡矣。古之人有赋性狷介，持守太严的，这是狷之疾。然其狷也，不过立崖岸，有棱角，示人以难亲，廉焉耳矣。若今之所谓狷者，则逞其刚狠之气，动至与人乖忤，而流于忿戾矣。古之人，有资识鲁钝，暗昧不明的，这是愚之疾。然其愚也，不过任性率真，径行自遂，直焉耳矣。若今之所谓愚者，则反用机关，挟私妄作，而流于诈矣。"

夫狂而肆焉，狷而廉焉，愚而直焉，此虽气质之偏，而本真未丧。若加以学问磨砻之功，其病犹可瘳也。至于肆变而荡，廉变而忿戾，直变而诈，则习与性成，将并其疾之本然俱失之矣，欲复乎善，岂不难哉？所以说，古者民有三疾，今也或是之亡也。夫子此言，盖深叹时习之偷，而望人以学问变化之功者至矣。

【编者按】

为官当途者持己、待人、处事都应把握好一个"度"字，就是优点过了头，也变成了缺点。凡事皆应持之有度，无过无不及，一切适当才是做人为官之道。狂肆不可，狂荡不可；狷廉不可，狷怒也不可；愚直不可，愚诈就更不可了。一个"中"字可为天下大道。

一四五、间紫夺朱，郑音乱乐，利口覆家

子曰："恶紫之夺朱也，恶郑声之乱雅乐也，恶利口之覆邦家者。"

——《论语·阳货第十七》

【张居正直解】

［朱］是正色；［紫］是间色；［郑声］是郑国之音；［雅］是正；［利口］是巧言辩给之人；［覆］是颠覆。

孔子说："天下之理，有正则有邪，而邪每足以害正。如色以朱为正，有紫色一出，其艳丽足以悦人之目，于是，人皆贵紫而不贵朱，而朱色之美反为所夺，故所恶于紫者，为其能夺朱也。乐以雅为正，自郑声一出，其淫哇足以悦人之耳，于是人皆听郑声而不听雅乐，而雅音之善，反为所乱，故所恶于郑声者，为其能乱雅乐也。至若事理之是非，人品之贤与不

肖，本自有一定之论，乃有一种利口的人，把是的说做非，非的说做是，贤的说做不肖，不肖的说做贤，其巧言辩答足以惑乱人意，耸动听闻，人主不察而误信之，必至于举动错乱，用舍倒置，正人远去，小人得志，而邦家之颠覆不难矣。然则，利口之所以可恶者，岂非以其贻覆邦家也哉？"

按：孔子此言，其意专恶利口之人，借紫与郑声为喻耳。从古至今，邪佞小人谗害正直，倾覆国家者不可悉数，如费无忌、江充之流，虽父子兄弟、骨肉至亲亦被其陷害，况臣下乎？是以，大舜疾谗说殄行。《大学》说："屏诸四夷，不与同中国。"盖畏其流祸之惨毒，故深恶而痛绝之也。人君之听言，可不戒哉？可不畏哉？

【编者按】

居官者最要处是"聪明"二字：耳朵要两耳兼听，综合分析便是"聪"，眼睛如日之高，月之亮，便是"明"，若能达耳聪目明，任你巧舌如簧，利口如刀又有何用？

一四六、直道事人往而三黜，
枉己事人何必去父母之邦

柳下惠为士师，三黜。人曰："子未可以去乎？"
曰："直道而事人，焉往而不三黜？枉道而事人，何必去
父母之邦？"

——《论语·微子第十八》

【张居正直解】

〔柳下惠〕是鲁之贤人；〔士师〕是掌刑狱的官；〔三
黜〕是屡遭罢斥；〔父母之邦〕指鲁国说。

昔柳下惠为鲁士师之官，屡被退黜。人或有讽之者说：
"子屡摈不用如此，尚未可以去而之他国乎？"言其道不合则
当去也。柳下惠答说："我之所以屡被罢黜者，只因我直道而
行，不能屈己以随人耳！今世之人，谁不悦佞而恶直？若我守
定这正直之道以事人，则到处为人所恶，何所往而不被其退

黜？若我肯阿意曲从，枉己以事人，则到处为人所喜，只在我鲁国亦自安其位了，又何必远去父母之邦乎？"

柳下惠亦此解或人之言，盖自信其直道而行，不以三黜为辱也。要之，衰世昏乱，故正直见恶于时，惟治朝清明，斯君子得行其志，是以有道之君子秉公持正者，必崇奖而保护之，倾险邪媚者，必防闲而斥远之，则众正之路开，而群枉之门杜矣！

【编者按】

柳下惠为鲁国大法官。因直道待人，不曲意随附，屡被罢黜，但仍不改其志，亦不计较官位高低。有人问他为什么不去别的国家试一试呢？他说：我以直道事人，到哪儿都不被罢免呢？我若为了保官，只要违背我的良知，不去得罪人就可以了，何必背井离乡呢？官场之上，古今如此。为官者自当深思。

一四七、周公教子立国四道

周公谓鲁公曰:"君子不施其亲,不使大臣怨乎不以。故旧无大故,则不弃也。无求备于一人。"

——《论语·微子第十八》

【张居正直解】

〔鲁公〕是周公之子伯禽;〔施〕字,当作"弛"字,是废弃的意思;〔以〕是用。

昔鲁公伯禽受封之国,周公训诫之说道:"立国以忠厚为本。忠厚之道在于亲亲、任贤、录旧、用人而已。盖亲,乃王家一体而分者,苟恩义不笃,则亲亲之道废矣,必也亲之欲其贵,爱之欲其富,使至亲不至于遗弃可也。大臣,国之所系以为安危者,苟大臣有怨,则任贤之礼薄矣,必也推心以厚其托,久任以展其才,不使大臣怨我之不见信用,可也。故旧之家皆先世之有功德于民者,苟弃其子孙,则念旧之意衰矣。必也官其贤者，其不贤者亦使之不失其禄，非有恶逆大故，则不弃也。人之才具各有短长，在乎因材而器使之，苟责备于一人，则用才之路狭矣。必也因能授任，不强其所不能。无求全责备于一人焉。此四者皆君子之事，忠厚之道也。汝之就封，可不勉而行之，以培植国家之根本哉？"

按：周家以忠厚立国，故周公训其子治鲁之道，亦不外此。其后周祚八百，而鲁亦与周并传绵远，岂非德泽浃洽之深哉？此为国者所当法也。

【编者按】

周公教子之论，政治理想之境，很少有能如此的。后世帝王之家，先从宗室家族下手，然后屠戮功臣，然后信用逢迎奸邪而无能之辈，所以国祚少则几十年，多则一二百年；有中兴明君任用贤臣的可延长国祚，但也少有超过三百年的，更无一家超过周朝八百年之绵长的。

一四八、周母四胎生八贤皆见用于朝

周有八士：伯达、伯适、仲突、仲忽、叔夜、叔夏、季随、季騧。

——《论语·微子第十八》

【张居正直解】

［伯、仲、叔、季］是兄弟次序。

记者说：贤才之生，关乎气运。昔周室盛时，文武之德泽涵育者深，天地之精英蕴蓄者久，于时灵秀所钟，贤才辈出，其中最奇异者，兄弟八人同出一母，而又皆双生。其头一胎生二子，叫作伯达、伯适；第二胎生二子，叫作仲突、仲忽；第三胎生二子，叫作叔夜、叔夏；第四胎生二子，叫作季随、季騧。此八士者产于一母，萃于一门，而又皆有过人之德，出众之才。多而且贤，真乃是盛世之瑞，邦家之光。其关系一代气运，岂偶然哉？

考之尧、舜之时，有八元八恺；成周则有八士，盖天将祚帝王以太平之业，则必有多贤应运而生，一气数之自然耳！顾天能生才而不能用才，举而用之，责在人主。是以，史称舜举十六相而天下治。《诗》云："济济多士，文王以宁。"言其能用之也。

【编者按】

天生贤才之多，自是兴旺之象征。但人才须能用者，否则栋梁之材，也变成烧柴了。何朝何代何时何地而无人才？一切在于用什么人，而不在于有什么人。

一四九、见危致命见得思义者可托大事

子张曰：“士见危致命，见得思义，祭思敬，丧思哀，其可已矣。”

——《论语·子张第十九》

【张居正直解】

子张说：“论人当观其大节。若大节有亏，则其余不足观矣。若使今之为士者，能见危难则委致其命，以赴公家之急，而不求苟免；见财利则必思义之当得与否，而不为苟得；于祭则思敬以追远，而致其如在之诚；居丧则思哀以慎终，而极其思慕之笃。士能如此，则外著光明磊落之行，内存仁孝诚敬之心，大节无亏，其可谓士也已矣。”然此固修己之大闲，盖亦取人之要法。人君诚得是人而用之，以之当大任，托大事，何不宜哉？外此，而求其才艺之美，智巧之优，抑末也已。

只知保护自己的人，不可能尽心为他人卖命；见财起意之人多卖主求利。为官者鉴人不可不识此两端。

一五〇、人可以被鄙视，不可被无视

子张曰："执德不弘，信道不笃，焉能为有？焉能为亡？"

——《论语·子张第十九》

【张居正直解】

［执］是执守；［弘］是廓大；［笃］是坚确的意思。

子张说："理得诸心谓之德，德有诸己，贵于能执，而执之又贵于扩充。若或器量浅狭，容受不多，才有片善寸长，便侈然自以为足，不复加扩充之功，这是执德不弘。理所当然谓之道，道有所闻，贵于能信，而信之尤贵于坚定。若或意念纷纭，把持不定，才遇事交物诱，便茫然失其所守，不复有的确之见，这是信道不笃。夫执德不弘，久则将并其所执者而失之矣；信道不笃，久则将并其所信者而亡之矣。"此等之人虽终身为学，毕竟无成，在世间，有之不为多，无之不为少，一凡

314

庸人等耳，何足贵乎？所以说，焉能为有？焉能为亡？言不足为有无也。

【编者按】

人可以被鄙视，而不可被无视。被鄙视至少是一种存在，或仍是一种价值。被无视则一钱不值，就等于不存在，人生之悲莫此为大。人总当有自己做人的操守，有自己的作用，便自然不会被鄙视无视。若像子张所说不弘扬道德，不忠实于信仰的人，有他没他的存在都一样，那就挺可悲了。而现代人的理念早已面目全非了。只要自我认同便自我感觉良好，他才不管你对他有什么感觉。

一五一、孟庄子不搞"一朝天子一朝臣"

曾子曰:"吾闻诸夫子:孟庄子之孝也,其他可能也;其不改父之臣,与父之政,是难能也。"

——《论语·子张第十九》

【张居正直解】

[孟庄子]名速,是鲁大夫,当时人皆称其有孝行。

曾子说:"我闻诸夫子说:孟庄子之孝也,其他生事尽礼,死事尽哀,虽足为孝,然犹可能也,惟是那不改父之臣与父之政这两件,乃是人所难能。"

盖庄子之父献子贤而相鲁,其所用之臣乃贤臣,所行之政乃善政,固皆可以不改,但献子既没,庄子得以自专,苟非卓然欲继父志而为善,则其臣与政必有与己相违拂者,焉能不改乎?庄子则以亲之心为心,略无适己自便之意。其于臣也,父用之,吾亦承而用之;其于政也,父行之,吾亦踵而行之,终

316

身遵守，无少更变。是盖志在立身行道，世济其美，以显亲扬名，乃孝之大者。非但不忍死其亲而已，岂人所易及者哉？所以说难能也。

【编者按】

官场上自古一朝天子一朝臣，后主不用先帝人，已成规律。所以鲁大夫孟庄子继后，一旦不辞父臣，不改父政、不树己名，不为自己树碑立传，便被视为稀罕难能。孟庄子之德可为今日官场前后任的宝鉴。

一五二、法官当有哀民恻隐之心
而勿好大喜功

孟氏使阳肤为士师，问于曾子。曾子曰："上失其道，民散久矣。如得其情，则哀矜而勿喜。"

——《论语·子张第十九》

【张居正直解】

〔阳肤〕是曾子弟子；〔士师〕是掌刑狱之官；〔散〕是离散；〔哀矜〕是哀怜的意思。

昔鲁大夫孟氏使阳肤为士师之官，着他断理刑狱，阳肤因问治狱之道于曾子。曾子告之说："刑狱之设，所以防民之奸，表率之而不从，教诏之而不入，乃用法以威之，非得已也。今也在上的人德教不修，既不足为民表仪；刑政无章，又无以示民趋避，将长民的道理都失了，以致百姓每情意乖离，无所维系，相率入于不善，若所当然，而不知陷于大戮也，其来非一日矣。尔为士师，当念犯法虽在于民，而所以致之则由于上。治狱之时，如或讯得其情，虽其行私干纪，信为有罪，而犹必哀怜之，矜悯之，视之有若无辜，而加恻隐之意焉。莫为情伪微暧，而我能得其隐情，便欣然自喜其明察也。如此则用法必平，民可无冤，而士师之责任为无忝矣。"

【编者按】

当今官场的三大变态，管人的见别人提拔心难受，管钱的见别人多拿便眼冒火，司法纪的不抓人便手发痒。所以法官都应当去《尚书》中学学他们的祖师爷皋陶的"法律"思想。司法的黑暗是最大的黑暗。

一五三、尧舜之诫：百姓穷苦统治便告终结

尧曰："咨！尔舜！天之历数在尔躬，允执其中。四海困穷，天禄永终。"舜亦以命禹。

——《论语·尧曰第二十》

【张居正直解】

〔咨〕是嗟叹声；〔历数〕是帝王相承的次序，如岁节气先后一般，故谓之历数；〔允〕是信；〔天禄〕即天位。

这是记者历叙帝王之道，以见孔子授受都只是这个道理，首举帝尧将禅位于舜而戒命之说："咨！尔舜，自古帝王代兴，莫非天之所命。如今天命在汝，将帝王相传的历数付托于汝舜之身矣。夫天以天下授汝，汝必能安天下之民，然后可以克享天心。而其道无他也，天下之事虽日有万机，莫不各有个自然恰好的道理，这叫作中。必是此心廓然大公，无为守正，

事至物来，皆因其本然之理，恒而应之，各当其可。兢兢持守，不使一有偏倚，而或流于过与不及之差，则民心悦，而天位可常存矣。苟或不能执中，则政乖民乱，将使四海之人危困穷苦，心生怨叛，而人君所受于天之禄位，亦永绝而不可复享矣，可不戒哉？"其后帝舜禅位于禹也，就把帝尧这几句话叮咛而告语之。

凡执中之训，永终之戒，一如尧之所命，无异词也。夫尧、舜、禹相授受，独举中之一字为言，盖即《洪范》所谓建用皇极者也。自非好恶不作，偏党反侧不形，鲜有能允执此道者。唐虞夏后致治之盛，皆由此一言基之。岂非万世之标准哉？

【编者按】

尧舜不徒有虚名，无惭于王者之道。"天命虽赐你王位，但你得走中正之道。如果让天下的老百姓穷困受苦，你的统治就永远结束了。"可通行古今中外的政治生存法则。中国历史上的农民起义与法兰西大革命都足以证明这一点。

一五四、商汤说：君有罪不要牵连天下

曰："予小子履，敢用玄牡，敢昭告于皇皇后帝：有罪不敢赦。帝臣不蔽，简在帝心。朕躬有罪，无以万方；万方有罪，罪在朕躬。"

——《论语·尧曰第二十》

【张居正直解】

〔履〕是汤之名；〔玄牡〕是黑色的牛；〔皇〕是大；〔皇皇后帝〕即皇天后土；〔蔽〕是隐蔽；〔简〕字解作"阅"字，是——监察的意思。

这一节是记成汤受命之事。汤既放桀，作书以告诸侯，因述其初时请命于天说："我小子履，敢用玄牡之牲，敢昭告于皇天后土之神：今夏王无道，得罪于天，乃天讨必加，我当明正其罪而不敢赦。其贤人君子为上天所眷命者，这都是帝臣，我当显扬于朝而不敢隐。盖凡此有罪有德的人，都一一简在上帝之心，或诛或赏，我惟奉顺天意而已。岂得容私于其间乎？使我受天之托，所为或有不公不正，不能替天行道，这是我自家的罪过，于万方小民有何干涉？我当甘受上天之罚。若万方小民有罪犯法，却是我统御乖方，表率无状所致，其罪实在于朕之一身，不可逭也。"盖人君以奉天于民为责，故汤于命讨之典，则听命于天；于下民之罪，则引咎于己，乃真知为君之难者。其视三圣之允执厥中，殆异代同符矣。

【编者按】

为人长官者对属下平时务须严格约束，而不可放纵于人；但一旦出了天大的问题，自己都要为下属、为同事担当起来，而不可把自己择洗干净，把罪责推诿于人。领导者必须同时是担当者，有一点耶稣舍身而赎万人之罪的担当精神才行。否则便没有人把你当领导。

一五五、周武王说："百姓有过，在予一人"

周有大赉，善人是富。"虽有周亲，不如仁人。百姓有过，在予一人。"

——《论语·尧曰第二十》

【张居正直解】

［大赉］是大施恩惠；［周亲］是至亲。

这是记武王受命之事。武王初克商而有天下，他务未遑，首先散财发粟，以赈穷恤困，而大施恩泽于四方，又于其中拣那为善的人，特加优赉，不但补助其不足，尤使之丰给而有余也。其赏善之公如此！始初誓师说："商纣至亲虽多，忠良者少，不如我周家臣子，个个是仁厚有德之人，贤而可恃也。我今既获仁人之助，若不往正商罪，则百姓每嗟怨日甚，把罪过都归于我之一身矣。"其责己之厚如此。夫利则公之于下，过则引之于己，则武王伐纣之举，无非为除暴安民计耳，岂有一毫自私自利之心哉？

【编者按】

孔门所崇，唯尧、舜、禹、汤、周文武二帝三王。以上三则四人所言，都是一个"民"字，尧舜禹相传的是民生为本；汤武二王讲的都是爱民惜民，严己宽民。为政之大道已昭然，为官者当慎思躬行，自有世盛民安、政权稳固。

一五六、周武王开国所兴九事

谨权量，审法度，修废官，四方之政行焉。兴灭国，继绝世，举逸民，天下之民归心焉。所重民：食、丧、祭。

——《论语·尧曰第二十》

【张居正直解】

〔权〕是量秤，是斗斛。

武王既定天下，见得商家旧政都坏乱了，乃扫除其积弊，从新整顿之。于权量，则谨定其规则，而轻重大小，无复参差；于法度，则审酌于时宜，而礼乐刑政无复混淆；于官制，则修举其废坠，而百司庶府无复旷闲。由是法纪所颁，在在遵守，而四方之政无有壅遏而不行者矣。

至于前代帝王之后，国土已灭者，则兴之，使复有其国；世系已绝者，则续之，使不失其祀；贤人废弃在下者，则举用之，使野无遗贤。由是德意所感，人人欣戴，而天下之民，无不倾心而归服者矣。

至其加意民事所最慎重者，则有三件，曰食，曰丧，曰祭。盖食以养生，丧以送死，祭以追远，乃人道之大经。故制为田里，以厚民生；定为丧葬、祭祀之礼，以教民孝，所以重王业之本，风化之原者，又如此。由武王所行之政而观，其德泽周遍，既有以团结一代之人心，政教修明，又有以恢张一代之治体。所以能建中于民，而副上天宠绥之命，有由然矣，谓非上接尧、舜、禹、汤之统者哉！

【编者按】

武王灭纣开国后所兴九事：①确定度量衡；②审定法律，统一政令；③整顿官制，行政体系各有所司；④给前代帝王以国号；⑤绝嗣者，使之有人继承香火；⑥征召举荐，启用前朝在野弃用的贤能；⑦重百姓衣食，给田地，厚民生；⑧定丧礼；⑨定祭礼，教民以礼以孝。

一五七、二帝三王治道有四："宽、信、敏、公"

宽则得众，信则民任焉。敏则有功，公则说。

——《论语·尧曰第二十》

【张居正直解】

〔任〕是依靠的意思。

记者历叙尧、舜、禹、汤、武之事，因总结之说：帝王御世，虽因时立政，各有不同，而保民致治之大端，总之只有四件，曰宽、信、敏、公而已。盖人君以天下为度，若专尚严急，则人无所容，而下有怨叛之心。若能宽以御众，而胸襟广大，如天地之量一般，则包涵遍覆，众庶皆仰其恩泽而莫不尊亲矣。君道以至诚为本，若虚文无实，则人无适从，而下有疑贰之心。惟能信以布令，而始终惟一，如四时之运一般，则实政实心，下民皆有所倚仗，而莫不归附矣。人君总理万机，一或怠缓，则易以废事，惟能励精图治，而孜孜汲汲，宵旰常若不遑，则纪纲法度件件修举，而事功于是乎有成矣。人君宰治万国，一或偏私，则无以服人，惟能大公顺应，而荡荡平平，好恶有所不作，则赏罚举措事事合宜，而人心于是乎悦服矣。凡此四者皆人君治天下之要术。自尧舜禹汤文武，交修而并用之，所以成唐虞三代之盛也。

然要其致治之本，则皆不外乎一中之传。盖道具于心则为中，措诸政事则为宽信敏公，亦如《洪范》皇极以立本，三德以致用，故刚柔正直，而建极之化始全，宽信敏公，而执中之道斯备，其义一也。有志于帝王之治者，宜究心焉。

【编者按】

孔门弟子整理唐尧、虞舜、商汤、夏禹、周武这二帝三王的政治王道有四条：①宽则得众：统治者只有宽容天下人之心之政令，方能得天下众生之拥护；②信则民任：政府必须取信于民，人民信任你，你才能调动人民，才会有令必行；③敏则有功：政府办事必须决捷，敏感于下情，办事有效率，才会有所成就；④公则说：当政为官的只有襟怀坦白、大公无私，民心才会悦服，国家才会兴盛。而张居正则把五代之四王道归结为一条：这四个方面都是执中之道，四个道理的意义是一样的。

一五八、孔子说："尊五美，屏四恶"，则可从政

子张问于孔子曰："何如斯可以从政矣？"子曰："尊五美，屏四恶，斯可以从政矣。"子张曰："何谓五美？"子曰："君子惠而不费，劳而不怨，欲而不贪，泰而不骄，威而不猛。"

——《论语·尧曰第二十》

【张居正直解】

[尊]是崇尚；[屏]是屏绝；[泰]是安舒；[猛]是刚厉的意思。

子张问于孔子曰："君子出而用世，当何作为，斯可以居位而为政乎？"孔子告之说："治道不止一端，惟在审所取舍而已。凡政之美而有益于治者，有五件，汝必尊敬而奉行之；

政之恶而有害于治者，有四件，汝必惩艾而屏绝之。夫善政行则百姓蒙其福，恶政去则百姓远于害。取舍当而治道可举矣，于从政何有哉？"子张因问说："何谓五美？"孔子举其目而告之说："凡施于人者未免有所费，君子则不必捐己之所有，而人自然蒙其利于无穷。夫于下既有所益，而于上又无所损，此所以为美者一也；劳民之力者多致民之怨，君子虽有役以劳民，而人皆乐于趋事，未尝见其怨焉。夫既以劳民之力而又能得民之心，此所以为美者二也。常人心有所欲易至于贪，君子虽亦有所欲，然于己有所得，于人无所求，欲而不贪，此所以为美者三也。常人志意舒泰易至于骄，君子虽若泰然自得，却无一毫矜肆之意，泰而不骄，此所以为美者四也。常人以威临民易至于猛，君子虽若有威可畏，却不至于暴厉而使人难堪，威而不猛，此所以为美者五也。"

【编者按】

"五美政"为中道之政：①国家无损而民有受益；②劳民而民不怨；③欲而不贪，己有所得，而无损于人；④自己泰然高贵，而礼敬于人，不骄不傲；⑤保有自己的威严、威信、权威，令人敬畏，而不伤人、害人，令人可怕。

一五九、怎样才能实现"五美政"

子张曰："何谓惠而不费？"子曰："因民之所利而利之，斯不亦惠而不费乎？择可劳而劳之，又谁怨？欲仁而得仁，又焉贪？君子无众寡，无小大，无敢慢，斯不亦泰而不骄乎？君子正其衣冠，尊其瞻视，俨然人望而畏之，斯不亦威而不猛乎？"

——《论语·尧曰第二十》

【张居正直解】

子张闻五美之目，而未知其实。因问说："惠则必费，如何叫作惠而不费？"孔子乃备举其事而告之说："凡施惠而捐己之财，这便费了。君子因天下之利，利天下之民。如田里树畜，但就百姓本等的生理与之区划而已，本非分我所有以与民，岂非惠而不费乎？劳民而不量其力，民就怨了。君子用民之力，不夺民之时，如城池、仓库，但择国家紧要的工程，间一驱使而已，固不肯泛兴工役以劳民，其谁得而怨之乎？欲其所不当欲，斯谓之贪。君子心之所欲，惟在于仁，而仁本固有，欲之即至，自然合乎天理之正，即乎人心之安，这是近取诸身，无慕乎外者，谁得而议其贪乎？安舒的人，其志意多疏放，故失之骄。君子不论人之众寡，事之小大，一惟兢兢业业，临之以敬慎，而不敢有慢易之心，这是宽裕之中，常自检束，非有心于简傲也。此岂非泰而不骄乎？威严的人，其气象多粗厉，故失之猛。君子衣冠整肃，瞻视端庄。俨然恭己于上，而人之望其容色者莫不敬畏。这是临御之体，自然尊重，非有意于作威也，此岂非威而不猛乎？这五件施之于民，则为善政；修之于身，则为令德，所谓五美之当尊者如此！

【编者按】

孔子说：①给老百姓以政策让他们做有利于自己的事，便可达"惠"政；②重农时，节劳役，少兴土木，民自无怨；③个人欲望不过度，不损民、不害公便没人说你贪；④不论什么人你都以礼敬待之，就没有人说你骄了；⑤你不用发脾气，粗暴地训人，而只要自己做人端庄，自己公正无私，便自有威严在，谁敢不听？做官当养成自然之威、人格之威，而不能去装威、耍威、作威。这便是惠而不费、劳而不怨、欲而不贪、泰而不骄、威而不猛。

一六〇、孔子论"四恶政"：
虐、暴、贼、吝

子张曰："何谓四恶？"子曰："不教而杀谓之虐；不戒视成谓之暴；慢令致期谓之贼；犹之与人也，出纳之吝，谓之有司。"

——《尧曰第二十》

【张居正直解】

〔虐〕是残酷；〔暴〕是急躁；〔贼〕是伤害；〔犹之〕譬如说一般样的。

子张又问说："何以谓之四恶？"孔子告之说："为人上者欲民为善，须要时常教导，知其不从，乃可加刑。若平素不能教民，使知善之当为，恶之当去，一旦有罪便加之以刑杀。是其用刑残酷，全无恻隐之心，这叫作虐；欲民趋事，须要预先戒饬，使之警省，乃可责成。若常时不加戒饬，令其着实奉行，渐次整理，一旦省视，骤然责其成效，是其举动躁急，殊无宽裕之体，这叫作暴；有所惩求于民，必先期出令，而后民知所从。若稽慢诏令，故意耽延，却乃刻定日期，严限追并，则事有难于卒办，刑必至于妄加。是其伤人害物有不可胜言者，不谓之贼而何？至若有功当赏，即断然赏之，而人始蒙其惠。若迟回顾惜，一般样地与了人，而于出纳之际，却乃欲与不与，悭吝而不决，则虽以与人，而人亦不怀其惠，此乃有司为人守财，不得自专者之所为，为人上者岂宜如此？凡此四者，为政之所当屏也，汝其戒哉！"

按：《论语》一书，孔子告问政者多矣，而美恶并陈，法戒具备，未如此章之明切者。故记者列此以继帝王之治，见圣人修身立政之道，一而已矣。

【编者按】

"四恶政"：①虐政：不教而诛；②暴政：求民速成，严惩而不假宽容；③贼政：无预先之令、妄加于人、伤人害物；④吝政：奖赏不及时，有如财务出纳看守。"四恶政"虽言治国之道，但地方官亦当慎思之，无一不是官者大忌。以上各条本是统一论述二帝三王政治思想的一组文章。以孔子论而做小结。